●平成30年度事業承継税制活用手順付き●

難しそうな「事業承継」が
アッという間にわかる

社長とコンサルタントの対話で学ぶ
誰でもすぐわかる

事業承継の本

ディライト株式会社 会長　齋木修次 著

これだけ知れば
もう安心です!

■ 社長さん　手に取って見て下さい
■ 後継者さん　ともかく一読して下さい
■ 保険セールスさん　よく読んで下さい

新日本保険新聞社

はじめに

事業承継は社長の仕上げの仕事である。

これはどういうことかと言いますと、どんなに会社を素晴らしいものに仕上げたとしても、あるいはどんなに素晴らしい2代目であったとしても、その次に引き継ぐことを失敗した場合は全てが水泡に帰すということになるからです。

会社はできることであれば永遠に繁栄させ続けておきたい、これが経営者の願いだと思います。そのためには自分の後継者にきっちりと会社を引き継がねばなりません。

だからこそ事業承継がいかに大切であるかを考えていただきたいと思います。

事業承継を現役の社長の想い通りに完了できることを願ってこの本は発行されました。

事業承継は相続である。

未公開企業のオーナーにとって自社株は社長個人の財産の一部であります。すなわちご自身の自宅の土地や建物、自動車、書画骨董、有価証券、銀行預金等と同じ意味であります。

ところが多くの社長さんが勘違いをしている点、あるいは多くの税理士さんやその筋の専門家と言われる方々が明確にしていない点がここにあります。

社長さんの持っている未公開の自社株は社長の個人資産そのものなのです。

したがって、事業承継を考えた場合、まずは相続であるということを前提にしなければならないのです。ところが事業承継というと会社の株だけがクローズアップされ、ここだけをいかに後継者に引き継ぐかに注力がされています。しかし相続である以上、最終的には相続争いの元になってしまうケースが多いのです。なぜならば未公開企業の株式は非常に高額に評価されることが多いからです。優秀な企業であればあるほど株価が高くなります、したがって、株式を後継者に引き継ぐ場合にお子さんが2人以上いらっしゃれば必ず不公平が生じます。

ここで相続争いが発生してしまったら全てが水泡に帰します。ときには遺留分減殺請求という形になり株が後継者以外に渡されることになる場合も考えられます。

つまり円満相続ということを前提に考えなければならないということです。

誰でも相続争いを起こさせたくありません。また相続人は相続争いを起こしたいとは思っていません。しかし、現実には相続争いは起きています。

この原因はその家庭によりさまざまではありますが、一般的に多く見られるものは「お父さんが亡くなるまではお父さんの財産、でも亡くなった後は俺のもの」という心の変化だと言われています。お父さんの亡くなるまでは仲が

良い兄弟姉妹が急に争いになる原因はこのような心の変化にあります。

事業承継の相談相手は意外な人物である。

　一般的に事業承継の相談相手と思われている人物は税理士さんではないでしょうか。

　しかし、事業承継に積極的なアドバイスをされている顧問の税理士さんというのは極めて少ないです。昨今では銀行からそのようなアドバイスをされる場合が多いです。

　しかし、私が経験上わかっているさまざまな側面から考慮しますと、実は事業承継の本当のアドバイスをしてくれる人物は顧問税理士さんとは限りません。意外かもしれませんが保険セールス、ファイナンシャルプランナー、そして相続アドバイザーなのです。ただしその方が事業承継について特に株価評価、株価評価減と言ったことについて精通しているということを前提とします。これについては本文の中のさまざまな場面でご説明をさせていただきます。

　私の願いは、この本を読んでいただいた未公開企業のオーナーが本当に自分の願望に近い形で事業承継をなされることです。

事業承継エキスパート　齋木修次

目　次

はじめに　……………………………………………… 3

・事業承継は現社長の仕上げの仕事である

・事業承継は相続である

・事業承継の相談相手は意外な人物である

〔プロローグ〕
平成 30 年度事業承継税制の衝撃　……………… 9

・100 年に 1 度の大改正と言っても過言ではない

　　　　　　　　　　　　　　　…………10

・平成 29 年度事業承継税制のポイント…………13

・中小企業とは…………15

・大きな落とし穴……………16

第 1 章　まず知っておくべきポイント…………19

・事業承継は難しいと思われている…………20

・財産の評価はどうやって行うか…………30

・未公開株式の評価はどうやって行うか…………32

・同じ株でも評価価額は 3 つある…………33

第 2 章　株価評価の手順……………………………37

・身内度の判定（同族の判定）…………38

・会社規模の判定…………44

・比較方式価額の算出…………51

・売ったらいくら価額の算出…………54

・実際の評価価額の算出…………57

・特例的評価方式…………60

・一般の評価会社と特定の評価会社…………63

第3章　株価評価減対策…………………………73

・株価の評価は狙って下げられる…………74

・規模の変更…………77

・業種の変更…………83

・退職金による評価減…………87

・決算書の整理…………94

第4章　株式移転の具体策………………………97

・相続時精算課税の活用…………98

・持ち株会社の活用…………103

・一般社団法人の活用…………109

・種類株式の活用…………112

・信託の活用…………115

第5章　円満事業承継の仕上げ…………………121

・「相続争い」を起こさせない環境づくり…………122

・「相続争い」をなくす決定打は何か！…………129

第6章　円満相続で知っておかなくては
　　　　ならない最後で基本の事柄……………135
・税法上と民法上の取り扱い…………136
・民法の遺留分に関する固定合意と除外合意………142

第7章　平成30年度事業承継税制を活用した
　　　　モデルケース……………………………145

　巻末資料………164
　おわりに………171

プロローグ

平成 30 年度
事業承継税制の衝撃

手元資金がいらない
何億円でも一括で
しかも政府が推奨している
究極の節税対策

扉をあけましょう！

プロローグ

100年に1度の大改正と言っても過言ではない

　平成30年度税制改正により平成29年度と比較して平成30年度事業承継税制も大幅に緩和されました。この制度は事業承継を検討する未公開企業経営者にとって、まさに序曲であり福音となるものです。ここにポイントをまとめてみます。

> 一言でいうと、
> 中小企業経営者の持つ自社株を後継者に贈与・相続するときに税金がなんと0円になるのです。

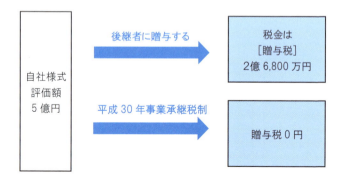

プロローグ

平成 30 年度税制改正で事業承継税制が大幅に緩和

これは平成 29 年度の事業承継税制の使いづらい点、リスクの大きな点を大胆に見直したものです。したがって、平成 29 年度の税制をベースにしています。イメージで捉えると平成 29 年度税制の上に 10 年間の時限立法として平成 30 年度税制が乗っかっていると思ってください。

大きな見直し点は以下の通りです。

①税制適用の入り口要件緩和

・贈与税、相続税猶予の対象株式（未公開の自社株）が全株式に広がりました。

（従来は議決権株式の 2/3 までの 80％すなわち全体の 53％まででした）

　したがって、贈与時、相続時の税額負担が 0 円となったのです。

・親族外を含む複数の株主から代表者である後継者（最大 3 人）への継承が可能になった。

（従来は 1 人の先代経営者から 1 人の後継者へ贈与、相続であった）

②制度適用後のリスク軽減

・制度適用後の雇用人数維持 5 年平均で 8 割未達でも猶予を継続可能となった。

プロローグ

（従来は 5 年平均 8 割未達で猶予が打ち切られ税金を納めなくてはならなかった）

・廃業、株式売却時には猶予された税額を支払わなければなりません。

　しかし、その税額は制度適用時の評価額ではなく廃業、売却時の評価額を算出します。

　そしてその差額を減免します。

　即ち廃業、売却時の評価額を基に算出します。

③被相続人以外からの贈与、相続も対象とする。

④相続時精算課税においても上記③を活用できる

　相続時精算課税は 60 歳以上の贈与者から、20 歳以上の後継者への贈与であるが、贈与者の直系である子や孫以外の複数株主からでも最大 3 人の後継者に適用する。

⑤この税制を活用するためには平成 30 年 4 月 1 日より平成 35 年 3 月 31 日までに特例承認計画を提出し、平成 39 年 12 月 31 日までに実行することが必要です。

　即ち 5 年以内に計画書を出していないと使えません。

簡単にまとめると、

　5年以内に特例承認計画を提出し 10 年以内に実行すれば株式の贈与、相続税が全額猶予される。

プロローグ

その後も廃業や売却しない限り税金は猶予され続ける。

これから自社株を後継者に移転しようと考えている経営者は全員この制度を活用することで恩恵を受けることになります。

デメリットは考えにくいです。

この平成 30 年度事業承継税制を活用するための注意点があります。

①平成 29 年度事業承継税制がベースですので変更点のみに注目しても実際には具体的に活用はできません。

②特例承認計画を作成するにあたり政府認定の認定経営革新等支援機関の承認が必要です。

③自社株の贈与は民法上は相続における特別利益とみなされます。

したがって、この税制を利用するにあたり社長の相続対策も並行して行わないと相続争いを助長することになってしまいます。

平成 29 年度事業承継税制のポイント

①先代経営者の要件

・会社代表者であったこと。

・贈与時までに代表者を退任すること。

プロローグ

・先代経営者と同族関係者で発行株式の議決件数の 50％超の株式を保有し、かつ同族内で筆頭株主であること。

②後継者の要件
・会社の代表者であること。
・20歳以上、かつ役員就任から３年以上経過していること。

③対象会社
・中小企業とは中小企業基本法上の定義を基本とし政令により範囲を広めたものも含む。
・資産保有型会社、資産運用型会社は含まない。

④報告書
・贈与、相続後は５年間毎年都道府県に報告する。
・５年後は３年ごとに報告する。

イメージで見て下さい

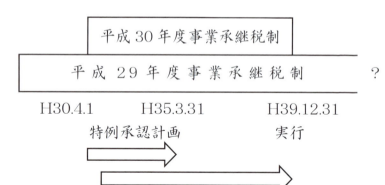

プロローグ

中小企業とは

以下の表の中で中小企業者と小規模企業者を言います。

業　種	中小企業者 （下記のいずれかを満たすこと）		小規模企業者
	資本金の額　又は 出資の総額	常時使用する 従業員の数	常時使用する 従業員の数
①製造業、建設業、運輸業 その他の業種（②～④を除く）	3億円以下	300人以下	20人以下
②卸売業	1億円以下	100人以下	5人以下
③サービス業	5,000万円以下	100人以下	5人以下
④小売業	5,000万円以下	50人以下	5人以下

例えば、

建設業であり資本金4億円、従業員 280 人の場合は中小企業にあてはまります。

資本金、従業員がいずれも表を上回る場合は中小企業に該当しません。

特例として以下も含みます。

ゴム製品製造業 （自動車又は航空機用タイヤ及びチューブ製造業 ならびに工業用ベルト製造業を除く）	3 億円以下	900 人以下
ソフトウェア業又は 情報処理サービス	3 億円以下	300 人以下
旅館業	500 万円以下	200 人以下

プロローグ

　ご覧いただきましたように贈与税、相続税が全額猶予され資金負担が０円となるのです。

　これは 100 年に一度の大改正と言えます。税の公平性という観点で考えればあり得ないことです。

　例えば土地資産家の場合、相続税上の土地の価額は路線価にて算出します。今後 10 年間に後継者に贈与、相続する場合は税金を全額猶予すると言っているのと同じなのです。

　未公開企業経営者の皆様にはできる限りこの機会に事業承継を完了することをお勧めします。

大きな落とし穴

　しかし、この制度の税務上の資金負担０円にばかりに注目していると大きな落とし穴にはまってしまいます。

　前にも述べましたが、事業承継は未公開企業経営者の相続です。

　円満相続＝円満事業承継です、そしてここが第一です。

　この観点から見た場合、本文でも述べますが、民法上では株価は存在いたします。もちろん税法上も存在しそれに関する税金を猶予することで資金負担を０にしています。

　したがって税負担０円で後継者に株式が贈与、相続されると後継者以外の相続人との分割という観点では全くの不均等な状態に陥ってしまうという事実が発生します。

プロローグ

例えば

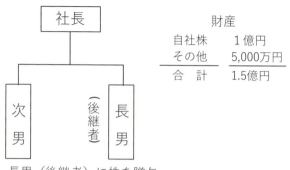

長男（後継者）に株を贈与
次男にその他を贈与または相続させた場合
大変な不均等となってしまいます。

　これは相続争いを助長してしまう可能性が非常に高いです。したがって事業承継税制の活用と同時に相続対策を検討しなくてはいけないと私は確信しています。
　経営者の皆様にはこの視点を忘れないでいただきたいと願っています。
　この意味で、本書で紹介する**株価評価減対策が大きな手助けになります。**評価減が不均等を減らしてくれるので是が非でも行なっていただきたいです。
　また、相続人が1人の場合でも税額猶予解除項目が発生した場合のリスクヘッジとしてまたトータル資産減少対策として自社の株式の評価減は必須になります。

第1章

まず知っておくべきポイント

第 1 章　まず知っておくべきポイント

事業承継は難しいと思われている

ご相談に来られた社長さん

　「そろそろ自分の後継問題を考えなければならないと思っているんだが、はっきり言って何から考えればいいかよく分からないんです。後継者は長男にするつもりで教育をしています」

私　「そうですか事業承継ですね、ご長男もそのつもりでいらっしゃるのですか？」

社長「それは大丈夫です。結構やる気になってくれています」

私　「それは良かったですね、ところでお子様は確か 3 人いらっしゃいましたね」

社長「そう長男、長女と次男です。長女は嫁に行って次男はサラリーマンをやっています」

私　「分かりました」

- 20 -

第1章　まず知っておくべきポイント

第1章　まず知っておくべきポイント

ということで以下の説明を致しました。

事業承継は5つの要素で考える必要があります。

①後継者の経営安定化（自社株の 100％取得） Stock

②円満相続、円満事業承継 Harmony

③生命保険 Insurance

④個人資産 Personal

⑤資金 Shikin

さらにこれらを経営者にしっかりと伝える力 Speech

そしてこれらすべてを包括している相談者の経営者に対する

思い入れ Suport

これを図式化すると以下の通りです。

WS 式ペンタゴン戦略＜SHIPS＞

Stock	株価評価（評価減・移動）	・マインド Support（クライアントとは保護するもの）・伝え方 Speech
Harmony	円満相続・円満事業承継	
Insurance	生命保険（納税資金・代償金）	
Personal	個人資産	
Shikin	納税資金（贈与税・相続税・買取資金）	

第1章　まず知っておくべきポイント

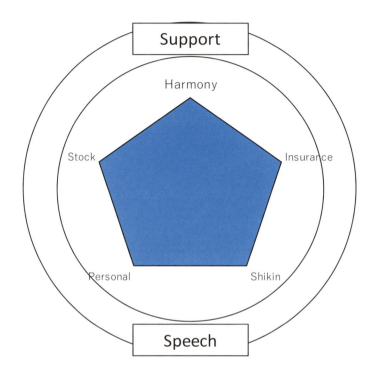

① 自社株評価を行う=全てのスタート
② 個人資産を算出する
③ 生命保険の活用を考える
④ 円満相続・円満事業承継の為、分割案を作成する
⑤ 納税資金を確保する

　ほとんど同時進行ですが①・②が分からなければ具体的な手は打てない。

第1章　まず知っておくべきポイント

①後継者の経営安定化

　これはすなわち経営者になる後継者がどれほどの株式を保有するかという意味です。

　株式の保有は経営権そのものです。したがって、後継者は基本的には株式を全て取得するのが理想です。特に自社株が親戚縁者にばらまかれているような企業は気をつけなければなりません。

　しかし最も重大な問題は多くの経営者が自社株の評価価額を知らないということです。

　自分の所有している株の価額が分からないということは相続にしても贈与にしてもあるいは売買にしても、何も手をつけることができないということです。

　よってまず行わなければならないことは自社株の評価価額をしっかりと算出するということです。これが分からないという状態であると何もスタートしない、何も具体的な対策を打つことができないということになってしまいます。ぜひ自社株の評価価額を算出することから始めてください。

社長「確かに自社の株式評価が必要だとは聞いたことがあるが、実際に計算してもらったことはないですね。税理士さんもこの話はあまりしてくれませんね〜」

私　「通常顧問の税理士さんは税金の申告を行うことが中心ですので、仕方ないんじゃないでしょうか」

第1章　まず知っておくべきポイント

②円満相続、円満事業承継

　事業承継はすなわち相続です。相続である以上は、子供が2人以上いる場合に法定相続分という考え方を無視するわけにはいきません。後継者には自社株をそして後継をしないお子さんにはそれ以外の資産を相続させる必要があります。しかしながら、多くの場合経営者の方のトータル資産の中に占める自社株の価額が非常に大きくなってしまうという事実があります。相続という側面を考えるとどうしても均等相続ということを考えなければなりません。そのためそのバランスが崩れてしまいます。

　円満な事業承継には円満な相続が前提となるという意味です。

社長「なるほどそうするとうちの場合は相続上全然均等にならないって言うことになってしまいますね」

　私「そうかもしれません、ですから思っているほど簡単ではないと考えた方がいいかもしれませんね」

③生命保険

　生命保険は自社株の評価を下げるために活用することができます。また円満相続を前提とした場合、代償金という他では代えられない貴重な争い回避のための資金となります。

第1章　まず知っておくべきポイント

社長「どういうことですか？」
　私　「たとえで聞いて下さい」

（例）

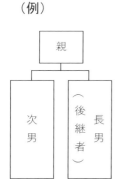

自社株　　　　　　10,000万円
その他資産　　　　 5,000万円
後継者である長男に自社株10,000万円
その他の資産を次男に5,000万円
ここで不公平が発生します。

（民法上の法定相続分は均等）

法定相続分は1/2ずつですので7,500万円ずつとなります。
代償金という考え方（自分はこちらを相続するがその代わりに応分のお金を払い、平等もしくは、相続人が納得する形にする）
この場合、長男はこの2,500万円を次男に代償金として支払うのです。
◎税務上の取扱い
長男　自社株10,000万円－代償金2,500万円＝7,500万円
次男　自社株　5,000万円＋代償金2,500万円＝7,500万円
相続税の申告もこのようになります。

第1章　まず知っておくべきポイント

　生命保険では、親の死亡保険金受取人を長男に指定しておくのです。そのことにより、親の死亡時に長男に死亡保険金が支払われます。このお金は長男個有の資産と解釈されます。
　したがってその保険金を代償金として活用する訳です。
　この点については後程詳しくご説明致します。

社長「へえー生命保険てそんな力があるんですか、今までそんなこと聞いたことありませんでした。それは知っておかないといけないことだね」

第1章　まず知っておくべきポイント

④個人資産

　ここでは個人資産と自社株との合計が経営者の資産となります。したがって個人の資産もきっちりと算出していかなければなりません。

社長「そうですか、それではこの際自分の財産もきちんと出さなきゃいけないっていうことになるね」

私　「その通りです」

⑤資金

　これは納税資金、贈与資金、買取資金等という意味です。ここでも生命保険は大きな役割を果たすことになります。

まとめますと、①まずはじめに自社株の評価価額を算出します。②そして個人の自宅建物等資産と合算します。③その後、自社株式は後継者に移転することを前提とした相続対策を考えます。

　当然その段階で株価の評価減等さまざまな節税の対策も併せて考えますが、優先事項は争いの起きない相続対策になります。

　このように考えますと全体像がはっきりとすると思います。自社株の評価ということあるいはその評価減対策のさまざまな手法を先に考えてしまうと非常に複雑になりますが、全体は非常にシンプルです。

第1章　まず知っておくべきポイント

社長「なるほど。自社株の評価額を出す、そして自宅の資産と合算する、その上で争いが起きないような相続対策をそれは分割ですかね、それを考えるということですね。そういうふうに考えるとまあ比較的わかりやすくなるね」

第 1 章　まず知っておくべきポイント

財産の評価はどうやって行うか

社長「ところで財産の評価、株価の評価って言うけど、それは何に基づいて評価することになっているのかね？」

私　「すべての財産は国税庁の規定している価額算出のマニュアルが有ります。これを『財産評価基本通達』と呼びます。この『財産評価基本通達』に基づいて評価を行います。

　　　「財産評価基本通達」の冒頭には以下の文章があります。

（評価の原則）

1　財産の評価については、次による。（平 3 課評 2－4 外改正）

（1）　評価単位

　財産の価額は、第 2 章以下に定める評価単位ごとに評価する。

（2）　時価の意義

　財産の価額は、時価によるものとし、時価とは、課税時期（相続、遺贈若しくは贈与により財産を取得した日若しくは相続税法の規定により相続、遺贈若しくは贈与により取得したものとみなされた財産のその取得の日又は地価税法第 2 条《定義》第 4 号に規定する課税時期をいう。以下同じ。）において、

第1章　まず知っておくべきポイント

それぞれの財産の現況に応じ、不特定多数の当事者間で自由な取引が行われる場合に通常成立すると認められる価額をいい、その価額は、この通達の定めによって評価した価額による。

（3）　財産の評価

　財産の評価に当たっては、その財産の価額に影響を及ぼすべきすべての事情を考慮する。

（この通達の定めにより難い場合の評価）

6　この通達の定めによって評価することが著しく不適当と認められる財産の価額は、国税庁長官の指示を受けて評価する。

（国税庁　『財産評価基本通達』より）

社長「何だか分かったような、分からないような感じがします」

　私　「そうですね。基本的には財産は時価で評価するということになりますが、『財産評価基本通達』の通達に基づいて評価をしてくださいということです。

　　　これは納税者有利ということを前提としています。例えば土地で考えてみますと、土地は通常路線価で評価すると言われています。路線価は一般的には時価より3割程度の安い価額に設定されています。土地を相続する場合に売る価額に設定されていたら手数料を払ったり、すぐに売れなかったりするロスを考慮してあると考えて下

- 31 -

第1章　まず知っておくべきポイント

　　さい」

社長「なるほど、結構合理的にできてるもんなんだね。しかし
　　　すべての財産と言っているけど、そんな細かいことを一
　　　つひとつまで評価の仕方が書かれているのかい？」

私　「そうなんです、牛や馬の評価まで出てますよ」

未公開株式の評価はどうやって行うか

社長「ところで自社株の評価はどんなふうにするように定め
　　　られているのですか？」

私　「はい、自社株すなわち未公開株式は『財産評価基本通達』
　　　の中で表現されています」

『財産評価基本通達』
　第8章「その他の財産」
　　178 取引相場のない株式の評価上の区部
　　　　　　　　〜
　　196 企業組合等の出資の評価
　までの中に記載されています。

第1章　まず知っておくべきポイント

同じ株でも評価価額は3つある

私「ところで社長さん、社長さんの会社の株はどなたが持っているのですか？　ほとんど社長さんがお持ちですか、それとも奥様とかご長男も持ってらっしゃるんでしょうか？　そしてその比率はどのくらいですか？」

社長「80％は私が持ってます。10％は家内が持ってます、あと10％は私の友人が持ってます。息子はまだ株は持っていません」

私「分かりました。そうすると社長と奥さんが持っている株の価額とご友人が持っている株の価額は違うんです」

社長「えーなんで違うんですか、難しいですねぇ」

私「いやそうでもないんです、経営に影響がある株主が持っている株か、そうでない株主が持っている株かというふうに考えてください」

　　以下説明します。
　株価には原則的評価と言われるものと特例的評価と言われるものがあります。
　分かりやすく説明しますと、会社の経営に影響力をもた

- 33 -

第1章　まず知っておくべきポイント

らす株主と影響のあまりない株主では同じ株でも**評価価額が違うということです。**この場合社長並びに奥様（同族である）の持っている株式は 90% で会社の経営に重大な影響力を持ちます。**このように経営に大きな影響を及ぼす株主が持つ株式の評価を原則的評価と言います。**

私　「ご友人は何か経営に参画していますか？」

社長　「いや、普段は何もしてないですね。たまに、ちょっと意見を聞くことはあるけれど経営にタッチしているということではないですね」

私　「それではご友人の 10% の株は会社の経営に大きな影響をもたらしません。したがって、友人の持っている 10% の株式は非常に安い価額が設定されるということです。**経営に影響のない方が株を持つ価値は配当をもらう以外にはありません。**そのため配当に標準を合わせた評価を行うのです。これを**特例的評価と言います。**具体的には配当金額から算出する配当還元方式と呼ばれる評価方式です。多くの場合発行額面の半分になります」

社長　「なるほど、そう言われれば理屈は通ってますね。もっともウチは配当を出していないから、ただ持ってもらっているだけで申し訳ない気がするなぁ」

私　「ご友人ですから会社設立に応援してくれたってことで

第1章　まず知っておくべきポイント

　　　　すか？」

社長「そういうことですね。いつかきちんと恩返ししないといけないと思ってはいます」

　私　「それであれば、株価評価して、その価額で社長が買い取ればいいと思いますよ」

社長「ウチの会社の株価が出資してくれた時より高くなっていればそれはそれで恩返しになるってことですか？」

　私　「その通りです。評価価額での売買は税務上も全く問題ありません」

社長「なる程、分かりました」

　私　「さらにもう一つの評価方式があります。これは法人税法上の評価というものです。
　　　すなわち相続や親子での株の売買贈与については相続税法上の評価で行いますが、法人が未公開株式を購入する場合においては法人税法上の評価で売買がされるということです。具体的な評価方法は後ほど詳しく説明させてもらいます」

社長「いろいろな評価があって分かりづらいですね」

　私　「一遍に知ろうとすると複雑になってしまいますが、順

第1章　まず知っておくべきポイント

次確認すると意外に簡単です。まずは基本から見ていきましょう。

整理しますと、未公開株式の評価には相続税法上の評価と法人税上の評価があり、さらに相続税法上の評価には原則的評価と特例的評価(配当還元方式)があるということとです。

詳しくは後ほど説明させていただきます」

第2章

株価評価の手順

第２章　株価評価の手順

身内度の判定（同族の判定）

社長「自社株の評価はどんな手順で行うんですか？」

　私　「世の中にはいろんな株の持ち合いをしている会社があります。例えば社長さん１人で100％持っている会社、あるいは親族で分けて持っている会社、あるいは社長さんやその友人などが出資している会社等々あります。これらをまとめて身内の会社(同族の会社)かどうかということをまず決めます。これについてまずご説明します」

社長「私の友人の会社は兄弟姉妹や叔父さん叔母さんが少しずつ株を持ち合っているようだが、その場合はどうなるのかね？」

　私　「そういう会社も結構ありますね。その場合は同族かどうかということを判定しなければなりません。兄弟姉妹や叔父さん叔母さんの場合は全て親族(本人から考えて六親等内の尊属及び三親等内の姻族)になりますので全員

- 38 -

第2章　株価評価の手順

の株式は同じように評価されます」

社長「なるほどそういうことですか。そうすると親族以外の人が持っている株が安くなるという理解で大体正しいでしょうか」

私「そうですね。そのように理解いただければ概ね正しいと思います」

株主の身内度（ワンマン度）を判定する
何のために判定しているか？→評価方式を決める

「議決権を持つ比率で」

「俺が全て」　　　　　　　　「皆で決める」

・50％以上

・30％以上～50％未満

・30％未満

ワンマン＝血縁（親族）

親族とは配偶者、6親等内の血族及び3親等内の姻族です。

法人の場合
　　50％以上の議決権のある会社

第2章 株価評価の手順

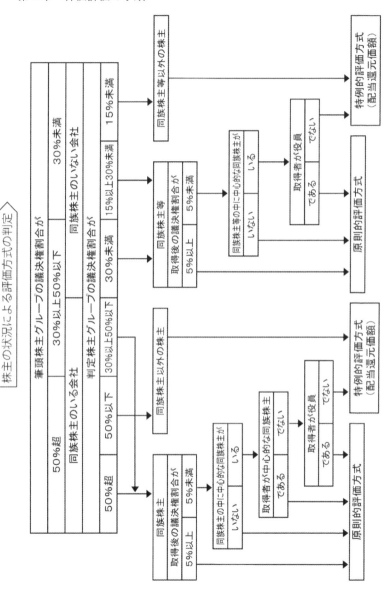

第2章　株価評価の手順

ただし株の評価については購入後あるいは相続した後の持ち分で判断します。

したがって後継者に株を集中するという場合はすべて同族の株主として判断することになります。

ここで株主の判定例をいくつか見てみましょう。

■株主の判定例

【ケース1】株主の判定—同族株主のいる会社で筆頭株主グループの議決権割合が50%超の場合（株式の種類：普通株式）

甲社の株主構成等は、次の通りです。

（注）以下【ケース】における議決権の数または議決権割合は、課税時期現在のものとします。

株主	Aとの続柄	議決権の数
A	社長	29,000　個
B	Aの配偶者	12,000
C	Aの長男	5,000
D	Aの長女	5,000
E	友人の山田さん	25,000
F	Eの長男	12,000
G	Eの二男	12,000
	（議決権総数）	100,000　個

A+B+C+D＝51,000（51%）⇒同族

E+F+G＝49,000（49%）　⇒同族外

第2章　株価評価の手順

【ケース 2】株主の判定—筆頭株主グループの議決権割合が
30%以上 50%以下の場合（株式の種類：普通株式）
乙社の株主構成等は、次の通りです。

株主	Aとの続柄	議決権の数
A	社長	5,000　個
B	Aの長男	20,000
C	Aの二男	10,000
D	Aの長女	5,000
E	Bの配偶者	5,000
F	友人の吉田さん	15,000
G	Fの配偶者	5,000
H	Fの友人	35,000
I	Hの配偶者	20,000
	（議決権総数）	120,000　個

A+B+C+D+E=45,000（37.5%）⇒同族

F+G＝20,000（16.7%）⇒同族外

H+I＝55,000（45.8%）⇒同族

第2章　株価評価の手順

【ケース3】株主の判定―同族株主のいない会社で筆頭株主グループの議決権割合が 30%未満の場合（株式の種類：普通株式）

丙社の株主構成等は、次の通りです。

株主	Aとの続柄	議決権の数
A	社長	15,000　個
B	Aの配偶者	5,000
C	Aの長男	5,000
D	友人の小林さん	10,000
E	Dの配偶者	5,000
F	Dの長男	5,000
G	友人の山本さん	15,000
H	Gの配偶者	5,000
I	Dの友人	15,000
J	Gの友人	10,000
K	Iの友人	10,000
	（議決権総数）	100,000　個

A+B+C=25,000（25%）⇒同族

D+E+F＝20,000（20%）⇒同族

G+H＝20,000（20%）⇒同族

I＝15,000（15%）⇒同族

J＝10,000（10%）⇒同族外

K＝10,000（10%）⇒同族外

- 43 -

第2章　株価評価の手順

会社規模の判定

社長「同族の判定をした後はどうなるんですか？」

私　「次は会社の規模を判定します。判定する要素は、
　　　①会社の総資産価額　これは貸借対照表の資産の部、す
　　　なわち左側の数字の合計値です。
　　　②従業員さんの数。
　　　③業種。
　　　④年間の取引金額。

社長「え〜、業種といっても山ほどあるんじゃないんですか？」

私　「そうですね。そこで業種は3つに分けます。1つは卸売
　　　業、2つ目は小売・サービス業、3つ目はそれ以外です。
　　　そして年間の取引額もその3つの業種で考慮します」

社長「ところで何のために規模の判定をするんですか？」

私　「規模の判定の後に上場企業と比較します。また会社の資
　　　産の金額についても考慮します。この上場企業との比較
　　　をするのを、比較方式価額と言います。そして会社の資
　　　産で考慮するのを、売ったらいくら方式価額と言います。
　　　これは後ほど詳しく説明しますね。規模の判定をした結
　　　果この比較方式価額と売ったらいくら方式価額をある

- 44 -

比率で計算して合計する方式を取ります。このときのために規模を設定するのです」

社長「ちょっと分かりにくいね～」

私「そうですね、しかしこの規模によって株価が大きく左右されます。順次ご説明していきますが、説明をお聞きいただければだんだん分かってきますので安心して下さい」

■会社規模の判定

要素　①総資産価額（帳簿価額）
　　　②従業員数

第2章　株価評価の手順

　会社の規模は大会社、中会社(このなかでさらに大・中・小の3つ)、そして小会社に分けますので全部で5段階に分けます。ここで従業員さんの数が70名以上いる企業は大会社と判定されます。

　従業員が70名未満の会社は以下のように2段階の手順で判定致します。

その1　自社の業種と総資産額の欄と従業員さんの数の欄を比較して表の下段を選択する。

その2　自社の業種と年間取引額の欄とその1で選択した欄を比較して表の上段を選択する。

　その選択した上段を表の右側にある「会社の規模と中会社の場合のLの割合」の欄に照らし合わせて規模が確定します。

会社規模の判定

従業員数が70人以上の場合							→大会社
従業員数が70人未満の場合							→下の表で判断します
総資産価額（帳簿価額）			従業員数	年間の取引金額			会社の規模とLの割合（中会社の場合のLの割合）
卸売業	小売・サービス業	卸売業・小売・サービス業以外		卸売業	小売・サービス業	卸売業・小売・サービス業以外	
20億円以上	15億円以上	15億円以上	35人超	30億円以上	20億円以上	15億円以上	大会社
4億円以上	5億円以上	5億円以上	35人超	7億円以上	5億円以上	4億円以上	中会社の大 L=0.90
2億円以上	2.5億円以上	2.5億円以上	20人超35人以下	3.5億円以上	2.5億円以上	2億円以上	中会社の中 L=0.75
7,000万円以上	4,000万円以上	5,000万円以上	5人超20人以下	2億円以上	6000万円以上	8,000万円以上	中会社の小 L=0.60
7,000万円未満	4,000万円未満	5,000万円未満	5人以下	2億円未満	6000万円未満	8,000万円未満	小会社

はじめに、総資産価額基準と従業員数基準とのいずれか下位の区分を採用します。

次に、左の区分と取引金額基準のいずれか上位の区分により会社規模を判定します。

第2章　株価評価の手順

社長「ちょっと分かりにくいですね！」

私　「一つの例でみてみましょう」

（例）小売・サービス業の場合

　　総資産　1億5,000万円
　　従業員　22名
　　売上　　4億円

①まず、総資産（左側）の小売、サービス業の欄の総資産 1.5
　億円の所に○をしてみます。（ここでは 4,000 万円以上です）
②従業員さんの数の欄で 22 名に○をします。（ここでは 20 人
　超 35 人以下）
③この段階で○の付いた下位をまず採用しておきます。（ここ
　では総資産 4,000 万円以上）
④売上 4 億円を小売、サービス業の欄に○をします。（ここで
　は 2.5 億円以上）
⑤③で採用した総資産 4,000 万円と今回の売上 2.5 億円の○の
　上位を採用し最終決定とします。（ここでは売上 2.5 億円）
　そしてその○と同位に右に欄を移すと中会社の中となって
　います。ここでこの会社は中会社の中であると決まるのです。

社長「なるほど、指でたどればいいんですね。まず業種の総資
　　　産、従業員数、ここで下位を押さえる。次に売上げを見
　　　て今度は上位、これで決定ですね」

私　「はい、そうです」

社長「見方が分かれば簡単ですね」

- 48 -

会社規模の判定

従業員数が70人以上の場合 →大会社

従業員数が70人未満の場合 →下の表で判断します

総資産価額（帳簿価額）			従業員数	年間の取引金額			会社の規模と中会社の場合のLの割合
卸売業	小売・サービス業	卸売業・小売・サービス業以外		卸売業	小売・サービス業	卸売業・小売・サービス業以外	
20億円以上	15億円以上	15億円以上	35人超	30億円以上	20億円以上	15億円以上	大会社
4億円以上	5億円以上	5億円以上	35人超	7億円以上	5億円以上	4億円以上	中会社の大 L=0.90
2億円以上	2.5億円以上	2.5億円以上	20人超35人以下	3.5億円以上	2.5億円以上	2億円以上	中会社の中 L=0.75
7,000万円以上	4,000万円以上	5,000万円以上	5人超20人以下	2億円以上	6000万円以上	8,000万円以上	中会社の小 L=0.60
7,000万円未満	4,000万円未満	5,000万円未満	5人以下	2億円未満	6000万円未満	8,000万円未満	小会社

はじめに、総資産価額基準と従業員数基準とのいずれか下位の区分を採用します。

次に、左の区分と取引金額基準のいずれか上位の区分により会社規模を判定します。

第 2 章　株価評価の手順

　　　　(注)従業員さんの人数は正規社員＋非正規社員の年間

　　　就業時間を 1,800 時間で割った数

社長「会社規模を 5 段階に分けるのは分かったけど、L の割合

　　　って何なんだろう？」

　私　「これは非常に大きな意味を持っています。先ほど株価評

　　　価する時に比較方式価額と売ったらいくら方式価額を

　　　ある割合で合計すると言いました。その割合のことです。

　　　L は比較方式価額を使う割合です。L＝0.9 とは比較方式

　　　価額の 9 割と売ったらいくら方式価額の 1 割を合計する

　　　という意味です」

社長「まだよくは分からないけど少しずつ仕組みは分かって

　　　きた気がするね」

　私　「それは良かったです。また後ほど具体的に説明します。

　　　さてこれで規模を判定しました。この次に比較方式価額

　　　を算出いたします」

社長「比較方式価額ですか？　上場企業と比較なんてとんで

　　　もないね！」

　私　「そうですね、しかし上場企業しか数字が出ていませんの

- 50 -

第 2 章　株価評価の手順

で基準になるものがないんです。したがって、ある意味
では仕方ないです。その代わり、それなりの緩和策が施
されていますので安心してください」

比較方式価額の算出

私　「比較方式価額とは上場企業の同じような業種の会社と
　　　比較するのですが、比較しているのは一株あたりの配当
　　　と一株あたりの利益と一株あたりの純資産価額だけな
　　　んです」

社長「えっ！　配当と利益と純資産だけですか？」

私　「はい、そうです。意外でしょうがそれだけです」

社長「それにしても上場企業と比較するのはいいけど、そりゃ
　　　厳しすぎるね〜」

私　「そうですね、上場企業との比較は厳しいので緩和策とし
　　　て、しんしゃく率（斟酌率）という項目があり、これで
　　　株価を減らすようにできています」

第2章　株価評価の手順

$$A \times \cfrac{\cfrac{b}{B} + \cfrac{c}{C} + \cfrac{d}{D}}{3} \times 斟酌率$$

Aは比較する業種の株価

Bは比較する業種の一株あたりの配当金額

Cは比較する業種の一株あたりの利益金額

Dは比較する業種の一株あたりの純資産価額

b、c、dは評価をする会社のそれぞれ一株あたりの配当、利益、純資産の金額

斟酌率は規模の判定で決まった大会社には 0.7、中会社には 0.6、小会社には 0.5 です。これにより公開企業と比較した分をおまけしているという感じです。

〈比較方式とは〉

比較方式とは、上場企業の類似業種の株価を基として、評価会社と類似業種の1株当たりの配当金額、年利益金額及び純資産価額（帳簿原価によって計算した金額）を比較して求めた比準割合を乗じ、斟酌率を考慮して評価する方式をいいます【参考：『財産評価基本通達』180 抜粋】

第2章　株価評価の手順

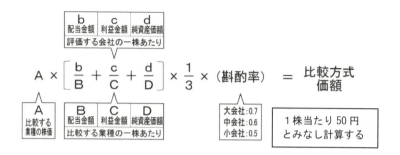

私　「実はこの価額算出方式を正式には類似業種比準価額方式と言います。非常に分かりにくい名称なのであえて馴染みやすい比較方式と呼んでいました。なお、一株あたりの配当、利益、純資産を比準要素と言います」

社長「なるほど、でも比較方式の方が分かりやすいですね。比準要素ですか？　配当と利益と純資産ですね」

私　「はい、そうです。比準要素の3つです」

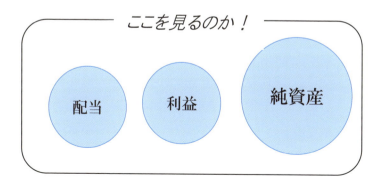

第2章　株価評価の手順

売ったらいくら価額の算出

私 「次に売ったらいくら価額の算出を行います。ここでは詳しい公式は複雑になってしまいますので考え方をお伝えいたします」

社長 「分かりやすく説明してほしいね」

私 「はい、ざっくりした考え方は、今ある会社の資産を全て売ったと考えて下さい。そこから借金を差し引いた金額です」

社長 「それなら分かりやすいですね」

私 「もう少し詳しく説明すると、資産の額は相続税評価として考えます。例えば土地は路線価で考えます。投資用の株や投資信託はその時期の時価です。生命保険は解約金相当額、機械設備や建物は固定資産税評価価額です。これと貸借対照表にある資産合計の差額を算出します。これは一般的には含み資産と言いますね。そこから法人税分を差し引いた金額と元々あった会社の純資産を合計します。これがこの会社の純資産です。これを発行株式数で割ると一株あたりの売ったらいくら価額が算出されます」

- 54 -

第 2 章　株価評価の手順

社長「そうですか。何となく理解できた気がします」

　私　「これは、正式には純資産価額方式と呼びます」

社長「これも馴染みやすいための呼び方をしていたのですね」

　私　「はい、その通りです」

第2章 株価評価の手順

＜売ったらいくら方式＞

売ったらいくら方式とは、課税時期において評価会社が所有する各資産の相続税評価額により評価した価額の合計額から、課税時期における各負債の金額の合計額及び評価差額に対する法人税額等に相当する金額を控除した金額を、課税時期における発行済株式数（自己株式を除きます。）で除して求めた金額により評価する方式をいいます【評基通185】。

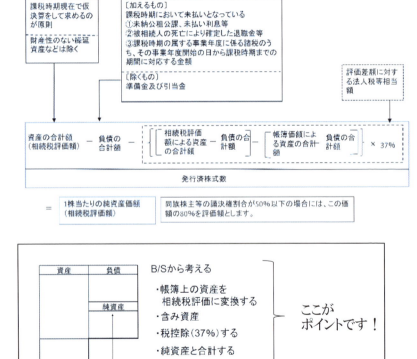

第2章　株価評価の手順

実際の評価価額の算出

社長「それでは実際の価額はどう算出するのですか？」

私「はい、その手順もそんなに難しくないんですよ。まず規模を確認しましたね。大会社、中会社のなかの大、中、小、そして小会社でした」

社長「それは分かった。それが類似業種比準価額と純資産価額とどう絡むんですか？」

私「以下の表で説明させてください」

規模	評価基準	評価値	
		類似業種比準価額評価	純資産価額
大会社	**類似業種比準価額評価**		
中会社の大	類似業種比準価額評価、純資産価額の合計値で評価	90%	10%
中会社の中	類似業種比準価額評価、純資産価額の合計値で評価	75%	25%
中会社の小	類似業種比準価額評価、純資産価額の合計値で評価	60%	40%
小会社	純資産価額で評価、もしくは類似業種比準価額評価、純資産価額合計値で評価	50%	50%

全ての規模の会社では純資産価額で評価しても良い

- 57 -

第2章　株価評価の手順

私　「先ほど、規模の判定でLというのが出てきましたね。中
　　　会社の中の大はL＝0.9、中は0.75、小は0.6、そして小会
　　　社が0.5でした」

社長「確か、そうなってました。そのLがこの表ですか？」

私　「そうです。L＝0.9とは類似業種比準価額を90％と純資
　　　産価額を10％としてそれを合計することです」

社長「なるほど、L=0.75とは類似業種比準価額を75％と純資
　　　産価額を25％を合計するのですね」

私　「ただし全ての規模の会社は純資産価額で評価しても良
　　　いというのは一般的には純資産価額が類似業種比準価
　　　額を大きく上回ります。
　　　したがって納税者に有利な方を選択して構わないとい
　　　うことです」
　　　（実際の例）
　　　類似業種比準価額　1,000円
　　　純資産価額　10,000円の会社の場合
　　　大会社　　　1,000円
　　　中会社の大　　1,000×0.9+10,000×0.1=1,900円
　　　中会社の中　　1,000×0.75+10,000×0.25=3,250円
　　　中会社の小　　1,000×0.6+10,000円×0.4=4,600円
　　　小会社　　　1,000×0.5+10,000×0.5=5,500円

- 58 -

第２章　株価評価の手順

社長「なるほど、その計算式に基づけばいいのですね。でもちょっと待ってください。そうすると規模が大きい会社が評価価額が安くなるということになるんじゃないか？」

私　「その通りです。類似業種比準価額、純資産価額が同じであれば規模が大きい会社が評価価額が安くなるということです」

社長「それは納得いかないなぁ〜」

私　「そうですね。少人数で利益率が良く、内部留保の大きい会社は株価がとんでもなく高くなるということです」

社長「経営者としてはなりたい姿ですね、そうすると株価が上がって相続で困ることになる。こんな図式に見えるね」

私　「そうですね。だからこそ後ほどお伝えする株価の評価減対策が必要なんです」

社長「なるほど、そこにポイントがあるわけですか？　何もしないでいると大変なことになるということですね」

私　「そうですね。評価減はまた詳しくご説明しますが、一応これで未公開株式の評価額が確定します。これを原則的評価と言います」

第２章　株価評価の手順

特例的評価方式

社長「原則的？　ということは原則ではない評価もあるという意味ですか？」

私「その通りです。前にもお話に出ました経営に影響の少ない株主が持つ株価の評価は特例的評価方式を採用します。経営に影響のない方が株を持つメリットは配当しかありませんね」

社長「そうでしょうね」

私「ですから配当還元という方式で算出します」

社長「しかし、うちもそうだが、ほとんどの中小企業は配当なんか出していなんじゃないか？」

私「そうですね、ですから配当還元方式で評価するとほとんどの企業は発行株式の半額の金額になります」

第2章 株価評価の手順

■配当還元方式とは

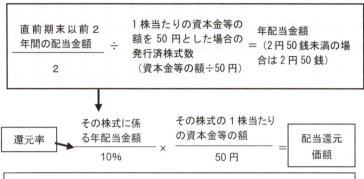

私「ここで1つ注意しなければならないことがあります」

社長「何でしょうか?」

私「それは例えば社長の友人が持っている10%の株式はこの配当還元方式で評価額が決まります。この株式を社長が買い取った時はどうなるのでしょうか?」

第2章　株価評価の手順

社長「当然、この配当還元方式の価額ですよね。ウチは配当を出していないので額面の半分ですね」

私　「それは大きな間違いなのです」

社長「なぜですか？　それでは何のために価額を出しているんだろうか？」

私　「前にも申し上げたように経営に影響のない人の持つ株ですよね。社長が手に入れたら経営に携わる人の持つ株となってしまいます。したがって経営に携わる、それに準ずる同族の方が買い取る場合は原則的評価額で買わなくてはなりません」

社長「へー、そうなんですか？　すると、配当還元方式の価額で評価されるのはどんな場合なんですか？」

私　「ご友人が亡くなって相続が発生した時、ご友人の相続財産としてはこの配当還元方式で算出した価額で計算されます。または、ご友人が別の友人に売る時ですね」

社長「そうですか。相続があるとさらに分散されてしまいますね。しかも安い価額で。これはこれで問題ですね」

私　「はい、その通りです。できれば社長がきちんと買い取っておくことをお勧めします」

第 2 章　株価評価の手順

一般の評価会社と特定の評価会社

私「ところで、もう一つ重要なことがあります。それは一般の評価会社と特定の評価会社という考え方があるということです」

社長「それはどういうことですか。特定っていうのは何か意味があると思いますが、ちょっと詳しく話してください」

私「それは通常の評価をするということに支障があるような会社のことなんです。例えば会社の資産のうちに土地ばかり持っている会社とか、株式ばかり持っている、そうですね、子会社の株式を沢山持っている会社とか、これは普通の評価とは違って当たり前だと思いませんか？」

社長「それはそうですね。そういう会社が特定の評価をするということですか？」

私「そうなんです」

株式保有特定会社

・相続税上の総資産の額と株式及び出資の価額の合計額の比率で株式保有割合を算出します。

- 63 -

第２章　株価評価の手順

50％以上の場合は株式保有特定会社と判定されます。

・株式保有特定会社の評価方式は

　純資産価額方式（S1+S2方式も可）

※S1とは、類似業種比準価額を算出する場合に会社の所有する株式からの配当を０として算出した価額を言います。

※S2とは、純資産価額を算出する場合に相続税上の評価額を会社の保有する株式のみとして算出した価額を言います。

土地保有特定会社

・相続税上の純資産の額と土地等の価額の合計額の比率で土地保有割合を算出します。

大会社の場合　70％以上で該当

中会社の場合　90％以上で該当

小会社の場合　純資産価額と業種により違います。

（1）卸売業　　　　　20億以上
　　　小売・サービス　10億以上　70％以上で該当
　　　その他　　　　　10億以上

（2）卸売業　　　　　7,000万円以上20億未満
　　　小売・サービス　4,000万円以上10億未満　90％以上で該当
　　　その他　　　　　5,000万円以上10億未満

・土地保有特定会社の評価方式

　純資産価額方式

私「実際には株式保有、土地保有特定会社は少ないです。自分

第２章　株価評価の手順

の会社の資産内容を見て危ない場合はアドバイザーにご相談
ください」

〔比準要素１の会社〕

配当に伴う怖い話

私「もう１つ特定評価の会社があります。実はこれがすごく
　　怖い話なんです」

社長「一体なんですか？　急に怖いとは」

私「本当に怖い話なんです。どういうことかと言いますと、
　　先ほどの類似業種比準価額を思い出してください」

社長「えーと、配当と利益と純資産だったね〜」

私「その通りです。その３つを比準要素と言いますがこの３
　　つのうち２つが０となる会社のことです。
　　例えば配当を出していないと当然０ですね。利益が出て
　　いない、またはマイナスの場合は０ですね。
　　こういう会社は比準要素の１つ、純資産しかプラスにな
　　っていないので比準要素１の会社と呼ばれます」

社長「そうですか。うちみたいに配当は出していない、利益は
　　出るときもあるし出せないときもある、その場合その比
　　準要素１になってしまいますね。

- 65 -

第2章　株価評価の手順

　　　比準要素が1だと何が怖い話になるんでしょうか？」

私「先ほど株価の評価価額を出すにあたり、会社の規模によって類似業種比準価額と純資産価額を併用すると言いました。ここは重要なので確認してもらいたいです」

社長「確か

　　　・規模が大会社の場合は類似業種比準価額だけで算出できる。

　　　・規模が中会社の場合は類似業種比準価額と純資産価額の併用。

　　　・規模が小会社の場合も併用だったかな」

私「そうですね、規模が中会社の場合はさらにそのなかで大がL=0.9、中がL=0.75、小がL=0.6でした。規模が小会社の場合はL=0.5でした」

社長「比準要素が1だと、どうして怖いことなんですか？」

私「よく聞いてください。

比準要素が1だと規模の大小に関わらずL=0.25として評価をしなければならないという規定があるんです。大会社もL=0.25で計算します」

社長「えっ！　ちょっと待ってください。そうしたら株価が大幅に上がってしまうんじゃないか？」

- 66 -

第2章　株価評価の手順

私　「その通りです、だから怖いのです」

　　　実際の例で言いますと、原則的評価では以下でした。
　　　類似業種比準価額 2,000 円
　　　純資産価額 15,000 円の会社の場合
　　　大会社　　2,000 円
　　　中会社の大　2,000×0.9＋15,000×0.1＝3,300 円
　　　中会社の中　2,000×0.75＋15,000×0.25＝5,250 円
　　　中会社の小　2,000×0.6＋15,000×0.4＝7,200 円
　　　小会社　　2,000×0.5＋15,000×0.5＝8,500 円

　　　比準要素1の会社の場合は
　　　全ての規模の会社が同じになります。
　　　2,000×0.25＋15,000×0.75＝11,750 円

社長「これは確かに怖いことですね、どうしても比準要素1に
　　　なりたくないですね。どうしたらいいんですか？」

私　「比準要素の利益は時の運によるところもあります。また
　　　意図的に赤字にしている会社もありますね。
　　　しかし純資産は債務超過の会社でなければ必ずプラス
　　　になっているわけです。そして配当は唯一自分でコント
　　　ロールできるものです」

第2章　株価評価の手順

社長「すると配当を出しておくという意味ですか？」

私「その通りです、配当をある程度出しておけば比準要素の配当と純資産額がプラスになるので比準要素1にはなりません」

社長「しかし中小企業で配当を出している会社なんてほとんど無いんじゃないかな、配当は節税にならないし」

私「そうですね〜。しかし先ほどの例に挙げたように、比準要素1になったらそれこそどれだけの増税になるか計算してみてください」

[計算例]

　　類似業種比準価額　2,000円

　　純資産価額　15,000円の会社の場合

　　大会社　　2,000円

　　中会社の大　2,000×0.9＋15,000×0.1=3,300円

　　中会社の中　2,000×0.75＋15,000×0.25=5,250円

　　中会社の小　2,000×0.6＋15,000×0.4=7,200円

　　小会社　　2,000×0.5＋15,000×0.5=8,500円

　　比準要素1の会社の場合は

　　全ての規模の会社が同じになります。

　　2,000×0.25＋15,000×0.75=11,750円

- 68 -

第2章　株価評価の手順

資本金 1,000 万円　発行株式 20,000 株(1 株 500 円)とすると、トータル株価は

大会社は 2,000 円×20,000 株=40,000,000 円

中会社の大は 3,300 円×20,000 株=66,000,000 円

中会社の中は 5,250 円×20,000 株=105,000,000 円

中会社の小は 7,200 円×20,000 株=144,000,000 円

小会社は 8,500 円×20,000 株=170,000,000 円ですが

比準要素 1 の場合は 11,750 円×20,000 株=235,000,000 円となってしまいます。

社長「これはすごい違いだな〜。これでは是非配当を出しておかなければなりませんね。ところで配当はいくら出せばいいのでしょうか？」

配当の計算式とは

配当：前期（a）、前々期（b）、前々期の前期（c）の 3 期において計算します。

　〔(a+b) ÷2〕／1 株 50 円とした株数

　　と

　〔(b+c) ÷2〕／1 株 50 円とした株数

　どちらかの数字が 0.10 円以上になることです。

第2章　株価評価の手順

例えば 0.099 だと要素として 0 カウントです。

　配当は 2 期の平均値/発行株式を 50 円とした場合の株式数で算出します。

　先ほどの例では

　発行株式は 500 円でしたので 20,000 株ではなく 200,000 株として計算します。

　前期と前々期平均で 30,000 円の配当を出していたとすると 30,000 円／200,000 株=0.15

これが 1 株当たりの配当数値となります。比準要素の 1 つである配当がプラスになるので純資産と合わせ比準要素 1 を回避できるのです。

社長「えっ、たったそれだけでいいんですか？」

　私　「そうです、理屈で言えば配当は一株あたり 0.1 以上になればいいのです」

社長「それなら今すぐにでもできますよ！
　　　本当ですか？　こんなこと今まで誰も教えてくれなかったよ」

　私　「でも今知ったわけですから良かったじゃないですか」

社長「本当にそうですね。もし、これを知らずにいて自分が死

第 2 章　株価評価の手順

んだ時に比準要素 1 になっていたら大変なことになりますね。さっそく配当を出します！」

「配当がキーになる」

第3章

株価評価減対策

第3章 株価評価減対策

株価の評価は狙って下げられる

私 「さて、これから自社株の評価減対策についてお話ししたいと思います」

社長「その前に株価はそんなに意図的に下げたり上げたりできるものですか？ 業績が良ければ株価は上がるし悪ければ下がるんではないんですか？」

私 「はい、その通りです。しかし今まで株価評価の手順を見てもらいましたが、株価の評価は決算書の中のある決まった部分を見ていますね。また業種や規模という括りで見ていることも気付かれたと思います」

社長「確かにそれはそうですね」

私 「ですから株価評価のメカニズムを知って対策を打てば、株価を狙って下げることが可能だと考えています。ちなみに社長さんは自社の株価評価が高い方がいいですか？ それとも安い方がいいですか？」

第3章　株価評価減対策

社長「ちょっと待って。うう〜ん、以前の経営コンサルタント
　　　には自社株の評価が高いことは自分の資産が多いとい
　　　うことで高くなるように頑張れと言われた気がする」

私　「そうですか。それでは自社株の評価が高いとどんなメリ
　　　ットがあるのでしょうか？」

社長「それは評価が高いとそれだけで会社の資産価値が高い
　　　ことになる。会社の評価が上がるってことじゃないかね」

私　「一面ではそうかもしれませんね。ちょっと冷静に考えて
　　　みてください。
　　　株価の評価が高いと官公庁の入札が有利になります
　　　か？
　　　株価の評価が高いとお客様が商品を買ってくれます
　　　か？
　　　株価の評価が高いと社員募集に有利ですか？
　　　株価の評価が高いと銀行の金利が有利になりますか？
　　　それに株価を問われることすら普段ありませんよね」

社長「いや〜それはないけど。何なんだろう？」

私　「もともと、会社の株価が話題になるのは相続税とか贈与
　　　税とかですよね。未公開企業の株式は誰も買ってくれま
　　　せんから現金になりません。土地や動産は売ればそれな
　　　りの価額になりますので一般的な意味で価値はありま

- 75 -

第3章　株価評価減対策

　　　すが、自社株については誰にとって価値があると思いま
　　　すか？」

社長「なるほど、自社株は会社の経営に携わる人間にだけ価値
　　　があるということなんだね」

　私　「そう言っても過言ではありません。即ち相続や売買(こ
　　　れは普段はありませんが、相続絡みで持ち株会社なんて
　　　方策の時に身内で発生する場合や分散した株を買い集
　　　める場合)の時にしか出てこないのです。
　　　　もちろん株価が高いということは会社の資産内容が良
　　　いということに間違いはありませんので、それはそれで
　　　誇れることです。ただ、相続や事業継承を考えた場合は、
　　　その評価額を放置せず狙って下げることが重要だと申
　　　し上げています」

社長「そういうことなんだ。事業承継を考えるとまさに大問題
　　　なんだね。それなら株価評価は安い方がいいに決まって
　　　る。どうしたら株価評価を下げられるか早く教えてほし
　　　い」

　私　「はい、それでは早速話を進めましょう！」

第3章　株価評価減対策

規模の変更

私「先ほど会社の規模の判定をしました。その時に規模が大きい方が株価評価が安くなることに気が付きましたね」

社長「そうだったね、しかし会社規模は変えられないんじゃないかね」

私「そうとも限りません。もう一度会社の規模の判定表をご覧ください」

■会社規模の判定

要素　①総資産価額（帳簿価額）

　　　②従業員数

　　　③業種
　　　　　　┌ 卸売業
　　　　　　├ 小売・サービス業
　　　　　　└ それ以外

　　　④年間の取引金額
　　　　　　┌ 卸売業
　　　　　　├ 小売・サービス業
　　　　　　└ それ以外

- 77 -

第3章　株価評価減対策

会社規模の判定

	従業員数が70人以上の場合 → 大会社 従業員数が70人未満の場合 → 下の表で判断します						
総資産価額（帳簿価額）			従業員数	年間の取引金額			会社の規模とLの割合
卸売業	小売業・サービス業	卸売業・小売・サービス業以外		卸売業	小売・サービス業	卸売業・小売・サービス業以外	
20億円以上	15億円以上	15億円以上	35人超	30億円以上	20億円以上	15億円以上	大会社
4億円以上	5億円以上	5億円以上	35人超	7億円以上	5億円以上	4億円以上	中会社の大 L=0.90
2億円以上	2.5億円以上	2.5億円以上	20人超 35人以下	3.5億円以上	2.5億円以上	2億円以上	中会社の中 L=0.75
7,000万円以上	4,000万円以上	5,000万円以上	5人超 20人以下	2億円以上	6000万円以上	8,000万円以上	中会社の小 L=0.60
7,000万円未満	4,000万円未満	5,000万円未満	5人以下	2億円未満	6000万円未満	8,000万円未満	小会社

はじめに、総資産価額基準と従業員数基準とのいずれか下位の区分を採用します。

次に、左の区分と取引金額基準のいずれか上位の区分を判定します。

第３章　株価評価減対策

　私　「ポイントは４つあります」

その１=従業員の数

　私　「各判定基準には数字の分かれ目がありますね。例えば従
　　　業員さんの人数では５人、20人、35人、70人です」

社長「どういうことですか？」

　私　「要するに、従業員さんの人数が５人 20人 35人を超え
　　　るとランクが１つ上がるということになります。もちろ
　　　ん総資産や売上と関連しますが、ここでランクが上がる
　　　ということを覚えておいてください」

社長「そういうことなんですか！」

その２=売上

　私　「同じように年間の売上金額についてもそれぞれ区切り
　　　があります。特に大会社になるための要素としては、卸
　　　売業で30億円以上、小売サービス業で20億円以上、
　　　それ以外の業種で15億円以上という数字がポイントにな
　　　ります。即ち、区切りよりも少しでも売上が高ければ上
　　　のランクになるということです。したがって、そういう
　　　調整をすることにより規模の拡大が図れ、株価評価額が
　　　下がるということになる訳です」

- 79 -

第3章　株価評価減対策

社長「なるほど、これでよく分かりました。自分の会社の状況を見てその辺の調整ができるところであれば規模の拡大ができるということになるわけですね」

私　「その通りです」

その3＝総資産

社長「そうすると総資産についても同じことが言えるわけですね」

私　「その通りです」

社長「分かりますが、具体的な例で出してくれませんか？」

私　「そうですね、それでは以下説明させていただきます」

株価評価減対策

その1＝従業員さんの数の例

会社規模の拡大による

　食品卸業　総資産4億円

従業員35名　売上6.8億円　⇒　中会社の中（35名は35名以下です）

　　　　　　⇓

　　　36名　　　　　　　⇒　中会社の大

　類似業種比準価額　2,000円　発行株式40,000株

　純資産価額　30,000円

第3章　株価評価減対策

　現在（2,000円×0.75）+（30,000円×0.25）=9,000円

　対策後（2,000円×0.9）+（30,000円×0.1）=4,800円

　・その効果

（9,000円×40,000株）-（4,800円×40,000株）

=360,000,000円-192,000,000円=168,000,000円

★この例は役員であった社長夫人を従業員兼務役員とすることで従業員数の増加としたものです。

社長「えっ！　それだけで1億6,800万円も下がったんだ。これは凄いです！」

その2=売上規模による評価減の例

健康器械卸売業

　総資産　2億円　従業員15名　売上6.8億円

　現在　中会社の中（L=0.75）

　　⇒　売上7億円超にする　規模は中会社の大（L=0.9）となる

　類似業種比準価額　3,000円

　純資産価額　25,000円

　発行株式40,000株

　現在（3,000円×0.75）+（25,000円×0.25）=8,500円

　　対策後（3,000円×0.9）+（25,000円×0.1）=5,200円

- 81 -

第3章　株価評価減対策

・その効果

(8,500円×40,000株) － (5,200円×40,000株)

＝340,000,000円－208,000,000円＝132,000,000円

社長「売上をともかく2,000万円UPさせただけですよね。売上げを上げるのは、それでまた大変だけど、ここを狙っていくことならできますね」

その3=総資産増額の例〔製造業〕

資産	負債
流動	流動
400,000	380,000
固定	固定
850,000	620,000
	資産
	250,000
1,250,000	1,250,000

資本金　50,000千円、発行株式100,000株

従業員+パートで換算人数　65名　売上14億円

総資産12.5億円

事業拡大に伴い、工場の拡大と新規機械の導入を検討。

その設備投資額は3億円を見込んでいます。

（初年度の減価償却額は3,000万円）

資金は銀行借入にて調達する。

現状は中会社の大（L＝0.9）

設備投資の結果総資産は15億2,000万円（12億5,000万円＋2億7,000万円）となり、規模が大会社に該当する。

第3章　株価評価減対策

　よって、類似業種比準価額にての株価評価になります。

　類似業種比準価額　4,000円

　純資産価額　20,000円

※現金で買うと総資産が変わらない。

　現状　　　　（4,000円×0.9）＋（20,000円×0.1）＝5,600円

　設備投資後　　4,000円

　・その効果（5,600円×100,000株）－（4,000円×100,000株）＝560,000,000円－400,000,000円＝160,000,000円

社長「なるほど、こういうふうに説明を受けるとはっきりと分かりますね。自分のところでも可能性を考えられます」

業種の変更

社長「さて、ポイントの4つ目は何なんですか？」

　私「この4つ目は意外に盲点なんですが、実は社長の会社もそうかもしれませんが、規模の判定で言う業種の中で2つあるいは3つにまたがっている場合がありませんでしょうか？　例えば製造業でもあり小売業でもある。卸業でもあり小売業でもある。部門によって業種が異なっている会社のことです」

第3章　株価評価減対策

社長「そういう会社もありますね。その場合はどっちの業種になるんですか？」

私　「部門ごとに決算をしてそれぞれの株価評価をするなんてことはできませんよね。したがって、そういう場合は売上の多い方の業種を取るということになります」

社長「そうですか。ということは部門別に売上高を管理しておく必要があるわけですね」

私　「その通りです。そして部門別の売上が均衡している場合などはあえて有利な方を伸ばすということで株価評価が全く変わってしまうということが発生します」

社長「うん、分かるような気がするが、これも具体的に説明してもらえませんか」

私　「分かりました。それではご説明させていただきます」

その4=業種の変更の例
部問ごとの売上げによる規模の拡大
規模の判定を行う時に業種の3つの中から選定しますが、　1つの企業でいくつかの事業があり、その内容が3つの中で違う業種にまたがっている場合は、売上の最も多い業種にて判定をすることになります。

- 84 -

第3章　株価評価減対策

売上比率

日常生活用品卸売業（卸売業）　　　　　　―　39%

日常生活用品小売業（小売・サービス業）　―　37%

不動産賃借業（卸売・小売・サービス以外）　―　24%

総資産　30億円　　従業員　15人　　売上　22億円

現在（は卸売業で）会社規模は中会社の大（L=0.9）

　小売率を上げ売上比率を卸しと逆転すると小売・サービス業となる。したがって大会社となります。

　類似業種比準価額 1,200円、純資産価額 20,000円として、発行株式 40,000株として

　現　状 1,200円×0.9＋20,000円×0.1＝3,080円

　対策後 1,200円

・その効果（3,080円×40,000株）－（1,200円×40,000株）

　　　　＝123,200,000円－48,000,000円＝75,200,000円

社長「そんなことでも株価が下げられるんですか～。これはすごい盲点ですね。ちょっと質問があるんだけど、ずーっと逆転したままであるとは限らないよね。その場合はどうなるんだろうか？」

私　「問題ありません。株価は狙って下げているのですよね。評価する時点の株価が問題であり、翌年は上がっても何の支障もありません」

- 85 -

第3章　株価評価減対策

社長「そうか、評価時の株価がどうなるかで恒久的なことではないんだね」

私「その通りです。本来株価は年々動いているわけです。贈与、相続はその時点の株価で評価します。実際には、贈与、相続のあった時点の直前の期の決算書から3期分の決算書に基づきます。そして規模の判定は直前期の決算書から算出するのです」

社長「なるほど、よく分かりました」

メカニズムが分かれば出来ることがいっぱいある！！

第3章　株価評価減対策

退職金による評価減

社長「そういえば、社長の退職金を支払えば株価が下がるという話を聞いたけれど、それは本当なのかなぁ？」

私「はい、本当です。退職金の捻出方法によっては評価減にならない場合もありますので注意が必要です」

社長「そうですか。ここはよく理解しなければいけないポイントかもしれない。分かりやすく説明してほしいな」

私「了解しました。それでは退職金がどうして株価評価減に繋がるかからお話しさせていただきます」

退職金が株価を下げる理由

私「役員退職金は過大でない限り会社の損金として認められます。例えば1億円の退職金を支払った場合、1億円の損金が発生します。したがって、その支払いに属する決算期は通常より1億円の損金が上乗せされるため大幅な利益減になり、会社によっては赤字となります。赤字になると利益が0ということですので、類似業種比準価額の3つの要素の1つである利益が0なので類似業種比準価額が下がることになります」

- 87 -

第3章　株価評価減対策

社長「なるほど。しかし1億円をパッと出せる会社はそうない
　　　んじゃないかなぁ」

私「そうですね。ですから生命保険で積み立てる方法を活用
　　するのが合理的ですね」

社長「生命保険ですか？　合理的？　なぜなのかよく分から
　　　ないなあ、詳しく説明してくれませんか」

私「社長も聞かれたことがあると思いますが、社長が万が一
　　の時の会社の運転資金や死亡退職金などに必要な高額
　　保障の保険があります。この保険のことです」

社長「ああ知っているよ。私も加入しているはずです」

私「そうでしょうね。大まかに3つのタイプの保険がありま
　　す。
　　1つ目は支払い保険料が1/2損金扱いで1/2資産計
　　上の保険
　　2つ目は支払い保険料が全額損金の保険
　　3つ目は支払い保険料が全額資産計上の保険です。
　　その内1つ目の1/2損金扱いで1/2の資産計上の保険
　　をお勧めします」

社長「それはどうしてですか？　経理処理が違うと株価にど
　　　んな影響があるのか説明してほしいです」

- 88 -

第3章　株価評価減対策

私 「はい。例えば 1 / 2 損金の保険で毎年 1,000 万円の保険
料を支払っていたとします。15 年支払うと 15,000 万円
です。解約すると約 12,000 万円の解約返戻金が退職金の
原資となります。（保険会社によって違いがありますが、
ここでは説明用に仮の数字を出しています）

　一方、帳簿上は保険料積立金として 7,500 万円が計上さ
れています。

　解約すると 12,000 万円−7,500 万円=4,500 万円の利益が上
がります」

社長「ちょっと待って、利益が上がってしまったらそこでまた
税金の対象になってしまうんではないですか？」

私 「そうです、解約しただけでは利益になります。しかし、
ここで社長の退職金として 12,000 万円を支払うと、この
12,000 万円は全額損金対象となりますので利益を消して
しまいます」（12,000 万円の退職金が退職金規程等によ
り妥当金額の場合）

社長「なるほど、しかしそれが株価を引き下げることになるん
だろうか？」

私 「そこがポイントです。12,000 万円の退職金を支払うこと
で帳簿上の 7,500 万円も消えるわけです。即ち 7,500 万
円の特別損失が発生するわけです。よって、この年の利

- 89 -

第3章　株価評価減対策

　　　益が 7,500 万円減少するということです」

社長「そうか！　そこで**類似業種比準価額が下がるというこ**
　　　となんだ」

　私　「その通りです」

社長「実際そうなったらうちの場合利益が 3,000 万円程度なの
　　　で赤字転落だね」

　私　「しかし評価上は 0 円ですし、それはこの年だけのことで
　　　すね。さらに株価評価の基準で純資産価額がありました。
　　　こちらも保険の価値としての相続税評価 12,000 万円が
　　　消えます。もちろん帳簿上の 7,500 万円も消えます。し
　　　たがって、**資産全体が減少しますので純資産価額も下が**
　　　るということになるのです」

社長「そういうことですか。では全額損金計上や全額資産計上
　　　はなぜ推薦できないのですか？」

　私　「まず、**全額損金計上の保険は帳簿上の評価は 0 円です。**
　　　これを解約して退職金として支払っても解約金全てが
　　　利益になり、退職金が損金ですので会計上の利益減少に
　　　はなりません。しかし、保険料の支払いで現金が減少し
　　　て行きますので株価評価は下げてくれています。
　　　　純資産価額上では解約返戻金相当額のみ相続税評価と
　　　して計上されています。この時点では純資産価額を引き

- 90 -

上げています。解約することでここが 0 円になるのでここで純資産価額を下げる効果はあります」

社長「全額損金計上も悪くはないということですか？」

私「ここだけ見ればそうなりますが、一般的に全額損金計上の保険は活用時間が短い点と保障額が限られてしまう点であります。しかし、これはお客様の状況によるところがありますので十分検討してほしいです」

社長「そうですか。全額資産計上の保険はどうなるのですか？」

私「全額資産計上の保険は終身保険と言われるものです。支払い保険料の全てが帳簿上に計上されます。先ほどの 1/2 資産計上の保険と同額の保険料を支払う保険に加入していた場合、15,000 万円が帳簿上も計上されています。解約金も同額として 12,000 万円とすると、解約した段階で 3,000 万円の損失が出ます。退職金に 12,000 万円支払うと帳簿上の 15,000 万円も消えます」

社長「すると 15,000 万の損失が出ることになりますか？」

私「そこだけ見ればそうなります」

社長「それなら効果抜群ですね」

私「そうですが、毎年の保険料支払いについて税務上の損金

第3章　株価評価減対策

メリットがありません。厳密にはその会社さんのさまざまな要素がありますのでそれを総合的に判断する必要があります。ぜひ専門家に確認していただきたいと思います」

第3章　株価評価減対策

■1/2損金タイプ

支払い保険料	損金扱い	実際の資産（解約返戻金）	役員退職金として拠出	
帳簿上	利益扱い	（全額損金扱い）	帳簿上分
	帳簿上		マイナス

■全額損金タイプ

| 支払い保険料 | 損金扱い | 実際の資産（解約返戻金） | 役員退職金として拠出 |
| | | 利益扱い | （全額損金扱い） |

■全額資産タイプ

支払い保険料	全額資産計上	実際の資産（解約返戻金）	役員退職金として拠出	帳簿上
		解約返戻金	（全額損金扱い）	
				マイナス

第３章　株価評価減対策

決算書の整理

社長「その他で株価が下がる対策はありますか？」

私「あります。決算書を整理することで評価減も可能です」

社長「どのようなことをすればいいでしょうか？」

私「不良在庫の整理、不良資産の整理ですね」

社長「なぜ不良在庫の整理が必要なのですか？　売れるかも
　　　しれない在庫ですし、これを落としてしまったら利益が
　　　減ってしまいます」

私「そうですね、だから皆さん在庫を抱えている場合が多い
　　　のです。
　　　しかし必要な在庫とやっぱり少し厳しい在庫があるの
　　　も事実ではありませんか？　厳しい在庫を抱えて良い
　　　ことはあまりありませんよね。物によっては場所も必要
　　　ですし、保管のためにコストがかかることもありますね」

社長「それはそうですが、やっぱり利益が気になりますよ」

私「利益ですね。不良在庫の整理が利益減少すなわち株価を
　　　下げてくれることになります。これが実力の数字です。

第3章　株価評価減対策

無理やり背伸びして株価を上げても意味がないと思いませんか？」

社長「それはそうですね、分かりました。もう一つ不良資産とは何ですか？」

私　「例えば、投資用の株とか投資信託や土地、また使用していない機械で未償却のものなどです」

社長「株や投資信託は塩漬けの資産がありますが上がるのを期待しているんですよー」

私　「これも諦めて損を出して下さい。ここでも利益が下がります。しかし、それだけではないのです」

社長「利益減少以外に理由があるのですか？」

私　「はい、純資産価額を算出する場合、帳簿上の価額と相続税法上の価額を比較しますね。そして相続税法上の価額が多い場合(含み資産)これに税金分を引いてくれています。思い出してください」

社長「そういえば純資産価額の算出の時にそうなっていました」

私　「そうなんです。塩漬けの株や投資信託があると含み資産を相殺させてしまうので、この税金分を差し引く効果が

- 95 -

第3章　株価評価減対策

　　　薄まってしまうのです。ですから先に損出ししておけば
　　　税金分差し引き効果を最大に活用したことになるので
　　　す」

社長「なるほど、そういうことですか。分かりました。土地で
　　　も評価価額が購入時より低くて特にすぐ活用しないも
　　　のであれば売っておいた方がよいということですね」

　私　「その通りです！」

社長「株式の評価減対策はいろいろとあるんですね。自分の会
　　　社に使えるものを見極めればかなり大きな節税になる
　　　ことが分かりました。それでは評価を下げた後にどうや
　　　って後継者に引き継ぐか教えてほしいです！」

　私　「はい、それでは株式の移転についてお話しさせていただ
　　　きます」

- 96 -

第4章

株式移転の具体策

第4章　株式移転の具体策

相続時精算課税の活用

私　「社長は相続時精算課税という制度をご存じですか？」

社長「聞いたことはあるけど〜、詳しくは分からないなぁ」

私　「そうですよね、知っている人の方が珍しいと思いますので安心してください。しかし、これはなかなか良い制度なんです。一言で言えば贈与の一種です」

社長「贈与？　あの毎年110万円贈与と同じですか？」

私　「そうです、詳しく説明します」

　相続時精算課税とは贈与の一種です。

　毎年110万円の無税贈与（暦年贈与と言います）とは別です。暦年贈与で高額な資産を一括で贈与をする場合は高額な贈与税がかかります。

　相続時精算課税での贈与は贈与時に2,500万円が無税で、それを越える部分に一律20％の贈与税がかかります。

　例えば1億円の贈与を相続時精算課税にて贈与した場合

- 98 -

(10,000 万円−2,500 万円)×20％＝1,500 万円の贈与税となります。

　通常の親から子供(20 歳以上)への贈与の場合は（10,000 万円−110 万円）×55％−640 万円＝4,799.5 万円の贈与税がかかります。したがって、とても低い贈与税で済むことになります。

　しかし、相続時精算課税での贈与の場合は、相続が発生した時点で贈与がなかったこととして相続財産に差し戻して相続税を計算します。相続税の評価価額は相続時精算課税で贈与した時点の価額を採用します。その上で相続時精算課税での贈与で受け取っていた相続人は相続税を支払うのですが、相続時精算課税で支払った贈与税は相続税から相殺されます。(相続税の方が少ない場合は返金されます)

　また、一度相続時精算課税を使用したら、以降 110 万円の暦年無税贈与はできないことになります。

社長「なるほど、先に財産を渡すということなんだね、でも得なのか損なのか分からないね」

　私　「そうですね、財産の額にもよりますね。どんな時に使われるかと言うと、例えば収益性のあるアパートやマンションを親から息子に相続時精算課税で贈与するとしましょうか。贈与税は安くなりますね。その上贈与後の家賃は息子のものになります。どういう効果があると思いますか？」

第4章　株式移転の具体策

社長「う～ん、息子の収入が増えるね」

私「そうです。その収入で相続税支払い原資をためられますよね。一方親はその分だけ財産が増えていかないということになりますね」

社長「そうか～、親も面倒な家賃管理とかなくなるし、所得が多い場合は所得税も減るしね。結構良いじゃないですか！　ところで自社株の場合はどうなるんですか？」

私「はい、どうなると思いますか？　少し考えてみてくれませんか」

社長「う～ん、まず株は息子のものになるね。しかし配当以外の収益があるわけではないし表面上はあまり変わらないね。すると、相続時精算課税で渡す時に以前教えてもらった株の評価減対策を打ってから渡すのが効果的ということになるのかな」

私「その通りです。時期を考え、狙って株価評価額を下げるのです」

社長「しかし相続時精算課税とはいっても半端じゃない贈与税がかかるし、息子はそんなお金持ってないはずですよ」

私「そうですね。仮に2億円としたら(20,000万円-2,500万円)×20％＝3,500万円ですね」

第４章　株式移転の具体策

社長「そりゃ無理だね」

私「しかし、仮に親が退職金を１億円もらって株価評価減を
したとして、その退職金の一部を息子に貸し付けて贈与
税の支払いをしたらどうですか？」

社長「それは可能かもしれないけど返済ができないんじゃな
いか？」

私「社長がリタイアして退職金をもらった場合は、基本的に
は取締役を退任し報酬は１／２以下にする、さらに会社
で実質的に経営に携わらないということが前提です。す
ると社長の時の報酬が月額 200 万円であったら 80 万円
くらいに減額しますね。息子さんが社長になったら報酬
をアップして、例えば 80 万円から 200 万円にしたとし
ます」

社長「ということは役員報酬は２人分で 280 万円で変わらない
ということですね。それでどうするのかね？」

私「息子さんはリタイアした親に毎月 100 万円くらい返済し
ていけばどうですか？　約３年間です」

社長「なるほど、親は退職金をもらいリタイアする。ここで株
価評価減ができているわけですね。そして相続時精算課
税で自社株を贈与する、贈与税分は息子に貸し付けてあ

- 101 -

第4章　株式移転の具体策

　　　げる、息子は社長になり報酬が増えるがその分を贈与税
　　　の返済に充てる。するとお金が内部で循環している感じ
　　　になるね」

私　「そうですね、さらに良いことがありますよ」

社長「さらに良いこと？　う〜んなんだろう」

私　「息子さんの気合というかやる気はどうなると思います
　　　か？」

社長「あっ、そうか。そりゃ気合が入るね。その気持ちが大切
　　　ですよね」

私　「さらに息子さんが頑張って会社を成長させて株価がど
　　　んどん上がったとしましょうか。本当の相続になった時
　　　に税金はどうなりますか？」

社長「相続時精算課税だから贈与時の評価額で差し戻すわけ
　　　ですね。なるほど、ここでも節税になっているんです
　　　ね！」

私　「その通りです、一つのモデルパターンですので覚えてお
　　　いてください」

社長「これはうちでも使えますね！」

私　「平成30年度の事業承継税制を活用した場合は相続時精

- 102 -

第4章　株式移転の具体策

算課税を活用しても贈与税が猶予されますので、ご子息に負担はなくなります」

社長「そうですか、ぜひそうしたいですね」

持ち株会社の活用

私　「次に持ち株会社を活用した移転についてお話しします」

社長「持ち株会社？　大企業がやっているやつですか？」

私　「そうです。最近○○ホールディングって名称の会社が増えていますね。
　　それと同じです。簡単に言いますと例えば、
　　①後継者の息子さんが会社を設立します（B社とします）
　　②その会社が元々の会社（A社とします）の株を買い取るのです
　　③後継者の息子さんは自分が出資したB社を通しA社を支配する
　　こんなイメージです」

社長「なるほど、それはそれで分かりますがどんな意味を持っているんだろうか？」

第4章　株式移転の具体策

私　「そうですね！　簡単に言うと相続を個人でなくて会社を通して行うという感じですかね」

社長「個人でなくて会社で行うですか？　それができたら相続税がかからなくて良いじゃないですか」

私　「確かにそういうことにもなりますが、これには大きな壁があります。実はこの場合、法人税上の株価評価をする必要があるのです」

社長「法人税上の株価評価？　前に聞いた覚えがあるね。株価は一つじゃないって言いましたね」

私　「はい、今までお話ししてきた株価は相続税法上の評価を元にしていました。これは相続、贈与、個人間の売買を前提としています。法人が未公開株式を購入する場合は法人税上の株価に基づき価額を決定しなければならないのです」

社長「そうなんですか、相続税法上と法人税上の評価ね。詳しく説明してください」

私　「はい」

〔法人税上の未公開株式の評価〕

法人が未公開株を購入する場合の価額については基本的に相続税法に基づきますが、以下の点が異なります。

- 104 -

第4章　株式移転の具体策

①会社の規模について全ての会社を「小会社」とみなす。
②純資産価額の算出において土地ならびに有価証券は課税時期の時価とする。
③純資産価額の算出について法人税分を控除しない。

■純資産価額方式のイメージ

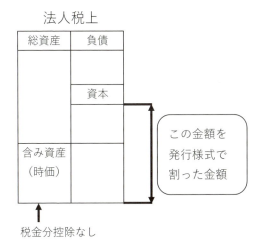

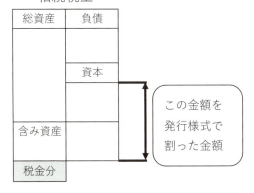

第4章　株式移転の具体策

①について

相続税法上では会社の規模によって類似業種比準価額と純資産価額の比率が違います。

■確認事項

大会社は類似業種比準価額100%でした

中会社の大は類似業種比準価額90%プラス純資産価額10%

中会社の中は類似業種比準価額75%プラス純資産価額25%

中会社の小は類似業種比準価額60%プラス純資産価額40%

小会社は類似業種比準価額50%プラス純資産価額50%でした

　しかし法人税上の評価では全ての会社を「小会社」として評価しなければなりません。

　通常の企業は純資産価額が類似業種比準価額の数倍になっています。

　したがって、中会社の小以上の規模の会社は株価が上昇することになります。

　大会社の場合は10倍の価額になることもあります。

②について

純資産価額の算出において、相続税法上では土地は路線価での価額を基にしていますが、

　法人税法上では時価と定められています。土地の時価は一般的に路線価の1.3～1.4倍です、したがって、その分価額が上がります。

　有価証券については相続税上の評価では課税時期の含む月

- 106 -

の平均値や過去3か月の平均値または月末値の低い金額で評価しています。法人税上ではその日の時価ですので、ほとんどの場合高くなります。したがって株価は上がります。

③について

　純資産価額の算出について相続税法上では、相続税評価による純資産と帳簿価額による純資産の評価差額に対し法人税等相当額(現在37%）を控除することになっています。

　法人税上ではこの控除をしない定めになっていますので、純資産価額が上昇します。

　したがって、株価は上がります。

　私　「このように法人税法上の評価は相続税法上の評価より高くなります。

　　　したがって、その資金を会社が用意するわけですが、銀行の融資を受けなければ実際は不可能だと思われます」

社長「そうですか、銀行が貸してくれればできるわけですね」

　私　「そうですが、この場合借りたらこれを返済するのは、息子さんの会社であるB社さんです。非常に大きな十字架を背負ったことになりますね。また、返済方法の工夫も必要ですね」

社長「ではどのような時に持ち株会社を使うんだろうか？」

第4章　株式移転の具体策

私　「そうですね、

①まず相続税法上で株価評価してどんなに株価評価減対策をしても相続しきれないほどの金額である場合。

②両方の評価額に大きな差が出ない場合。

③社長一族に直接経営者となる人が存在しないが、会社は一族が保持したいといった特別の事情がある場合でしょうか」

社長「なるほど、選択肢の一つとして知っておくことが必要なんですね」

私　「そう思って頂いていいと思います。平成30年度事業承継税制を活用するならば全く考慮に入れなくてもいいと思います。ただ、中小企業ではない会社では必要性が出てきます」

第 4 章　株式移転の具体策

一般社団法人の活用

私「社長、一般社団法人という組織のことは聞いたことありますか？」

社長「いや、聞いたことないね」

私「一部で株の相続に関し使われています。簡単に説明します、一般社団法人と言う法人は持ち分のない法人です。そして、その法人の目的は何であっても構いません。したがって○○株式会社の株の保有を目的とした一般社団法人を立ち上げることが可能です。そしてこの法人の理事に社長家の一族がなることも可能です」

社長「何か便利そうだね。もうちょっと具体的にそのメリットを教えてほしいね」

私「持ち分のない法人であるということは、その一般社団法人の財産には相続税がかからないということです」

社長「え！　それなら株を法人に持たせ、後継者が法人の理事長となって会社の経営権を発動すればよいということになるね」

私「その通りです」

第4章　株式移転の具体策

社長「それなら、我が社もそうすれば相続税が不要となるわけ
　　　ですか？」

私　「そういうことになります」

社長「それならすぐにでも手続きしたいですが、何か裏がある
　　　んじゃないですか？」

私　「裏はありませんが、初めに会社の株を一般社団法人に移
　　　転するためには贈与をするしかありません。しかも、法
　　　人税上の評価での贈与となりますので、多額の費用が必
　　　要ですね」

社長「なるほど、やっぱり一般的な方策ではないね。しかし、
　　　株の安い時に先を見越して一般社団法人に株を贈与し
　　　ておくのも選択肢にはなるということですね」

私　「そうです。一度株が一般社団法人に移ってしまえば相続税
　　　の対象とならない財産になるので、その後の歴代社長の
　　　相続において株価を心配する必要もなくなるわけです」

社長「この話（制度）はずっと続くのですか？」

私　「それは分かりませんが、租税回避行為として見なされた
　　　場合否認されることもありますし、年々ここに対する規
　　　制が強化されつつあるようですので私は推薦していま
　　　せん。現実に平成 30 年度税制改正で一般社団法人の役

　　　　　　　　　　　　　　　　第4章　株式移転の具体策

　　　員つまり理事が死亡した場合、社団法人の純資産額に相
　　　続税が課税されることになりました」

社長「これは情報として知っておくに留めておけばいいとい
　　　うことですね」

　私　「はい、その通りです。これも平成30年度事業承継税制
　　　を活用する場合は考慮する必要はありません」

第4章　株式移転の具体策

種類株式の活用

私　「ここまで株式の移転の節税を含んだ対策をご説明して
きました。ここからは節税には直接つながりませんが、
株式を後継者に渡せると言われている別の切り口を紹
介したいと思います」

社長「節税にはならないが、後継者に渡る方法ですか？」

私　「社長、最近たまに話題に上ることがあるかもしれません
が種類株式という言葉をご存じですか？」

社長「聞いたことありますね。でも具体的にはよく分からない
ね。株の移転に活用できるのものなんですか？」

私　「はい。株主の権利は何でしょうか？」

社長「議決権の行使、配当を受ける権利と確か残余財産を受け
取る権利だったかな」

私　「さすがです。その権利の一部を制限したり、一方権利を
強めたりすることが会社法で認められています。すなわ
ち同じ株でも権利行使が違う株式が発行できることに
なっています。従来の株は普通株式と呼び、そのような
他の権利と異なる株を種類株式と呼びます」

- 112 -

第4章　株式移転の具体策

社長「それがなぜ株式の後継者への移転につながるのですか？」

私　「例えば議決権のない株式と通常の普通株式があったとします。後継者に普通株式を相続させて、議決権のない株式を後継者以外の相続人に相続させるのです。言い忘れましたが、普通株式も議決権のない株式も株価評価上はほぼ同額です（正確には、議決権のない株式を評価額の5％レスとしてそのマイナス分を普通株式に上乗せして評価します）」

社長「議決権は後継者が100％持つことが可能になるのでということですね。株式の権利のうち議決権と配当を受け取る権利を分けたわけですね」

私　「そうです。正確には配当優先無議決権株式と普通株式です。従来ですと普通株式のみのため相続で後継者以外に株が渡ると議決権も渡ってしまったのですが種類株式によりこれを避けることができたと言えます」

社長「これも使えるかもしれないが、あまり一般的にはなっていないね」

私　「そうですね、理屈では種類株式によりさまざまなことが可能になっていますが、手続きが大変であったり定款の変更であったりなかなか馴染めないのが現実です」

- 113 -

第4章　株式移転の具体策

社長「そういえば、黄金株なんて話もあったように思いますが
　　　実際に活用した人の話は聞きませんね」

私「種類株式はそう簡単にできません。ここではそのような
　　　対応策もあるということのみ覚えていてくだされればい
　　　いです。平成 30 年度事業承継税制を活用する場合黄金
　　　株を発行している会社は対象外になりますので注意し
　　　てください」

社長「分かりました」

第４章　株式移転の具体策

信託の活用

私 「もう一つ信託という方策もありますが、信託といって分かりますか？」

社長 「これも聞いたことはある程度にしか知らないね」

私 「これもつい最近になって話題になってきた方策ですが、私としては注目しています」

社長 「それはどんな点で活用できるのですか？」

私 「まず、手続きが簡単。柔軟性がある。工夫の仕方で本当のオーダーメイドが可能といった点です」

社長 「すごいですね、詳しく話してください」

私 「分かりました」

■信託の活用

平成18年信託法改正により様々な活用ができるようになった。

・信託とは何か＝信じて託す。

・登場人物「委託者」「受託者」「受益者」の３者

　しかし３者が同一人物も兼ねられる。

・信託の基本パターン。

第4章　株式移転の具体策

	委託者	受託者	受益者	課税
自益信託	自分 （土地）	専門家 （登記）	自分 （土地の収益）	なし
他益信託	自分 （土地）	専門家 （登記）	子供 （土地の収益）	受益者 への贈与
自己信託	自分 （土地）	自分 （変わらず）	子供 （土地の収益）	受益者 への贈与

・相続上の活用

　当初は自益信託で設定しておき、

　自分の死後は子を受益者に定めておくと、遺言と同様の効果となる。

　＝遺言代用信託　この場合自分の死後に子供への相続税が発生する。

私　「ここでは話を分かり易くするために土地としましたが、対象は何でも構いません。もちろん、株式も同じです」

社長「そうですか、ちょっと分からないのは受託者が登記する、とありますが、これはどういうことですか？」

私　「そうですね、確かに変ですね。この信託の場合は信託登記となりますが、登記上は自分のものではなくなります。しかし、贈与や売買ではないので課税は発生しません」

社長「それで課税のところが受益者が変わっている場合に贈与税となっているのですね」

第4章　株式移転の具体策

私「はい、その通りです。次に株式の場合の説明をさせていただきます」

第4章　株式移転の具体策

■信託の未公開株式への応用

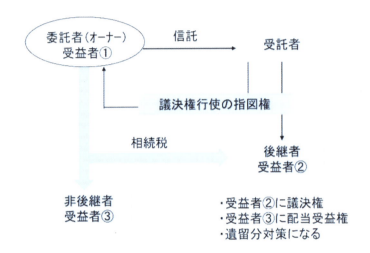

種類株式発行のための手続き不要

私「株式も信託においては議決権と配当を受ける権利を分けることができますので先ほどの種類株式と同じ効果を発揮することができます。しかし、信託の場合は手続きにおいてはるかに容易です」

社長「すると今後は信託で考えるのがいいということですか？」

私「そんなに単純ではありません。事業承継は社長の相続であると最初に申し上げました。したがって、最重要テー

第４章　株式移転の具体策

　マは円満な相続の延長に円満な事業承継があるという
　ことだと思っています。

ここまで、

①株式の評価

②そのメカニズム

③株式評価減対策

④株式の移転方法についてお話ししてきました。

　いよいよそれらを踏まえた上で最終の手順についてお
　話しさせていただきます」

社長「なるほど、ぜひ聞かせてください」

第5章

円満事業承継の仕上げ

第5章　円満事業承継の仕上げ

「相続争い」を起こさせない環境づくり

私　「相続では相続人のいろいろな思いがあって、これらが争いの元になっていると言われます。ですから、**争い回避の一番の対策は争う環境をなくすこと**だと思うのですが、社長いかが思われますか？」

社長「それは同感ですね、しかしそんなことはできますか？」

私　「100％とは言えないかもしれませんが、できると思っています。そしてそれをできる人は誰でしょうか？」

社長「できる人？　優秀なコンサルタントですか？」

私　「アドバイスをもらうことは当然必要ですが、**主役は社長ご自身**です。基本的には被相続人にしかできません」

社長「うーん、自分で決断して具体的に動くということですね」

私　「そうです。その時に今まで学んでいただいた知識を基に方向を見極めるのですが、**考えのど真ん中に入れておく要素は『円満な相続』**なんです」

第5章 円満事業承継の仕上げ

社長「分かった！ それでは仕上げの争いを起こさせない環境づくりをぜひ聞かせて下さい」

私「はい、了解しました。まず頭を切り替えてほしいのです。円満相続の基本は均等相続にあります。奥様、お子様がいれば民法に基づいた法定相続分がベースです」

夫婦「(1)子供1人」、「(2)2人」、「(3)3人」、「(4)子供のいない夫婦で兄弟がいる場合」

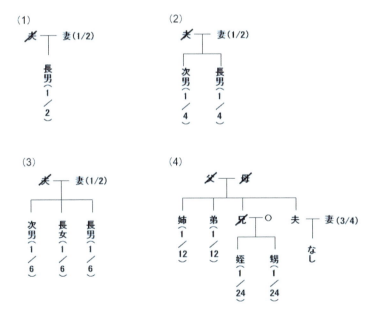

社長「均等相続が基本であれば株を後継者に渡せないよ」

第5章　円満事業承継の仕上げ

私　「その通りです。ただしこの法定相続分を変更できる人物が1人だけいます。それは被相続人すなわち社長です」

社長「それってどういうことですか？」

私　「社長が遺言で相続分を指定することです。生きているうちは自分の財産をどのように使おうが自由ですね。自由でない人もいますが法律的には自由です。自分が亡くなった後の財産だって自由にしてもいいじゃないですか？　そのためには遺言書にて指定しておかなければならないのです」

社長「なるほど、そういうことですか。では本当に自由に指定していいんですか？」

私　「指定することは可能ですが、一つだけルールがあります。法定相続人には法定相続分の1/2以上の財産を受け取る権利が保障されています（配偶者・子供）。これを遺留分と言います。したがってこの遺留分を無視した分割指定には相続人はそれを取り戻す権利が発生します。これを遺留分減殺請求と言います。この遺留分をいっぱいもらった相続人に請求することになったら、結局は相続争いを引き起こすことになってしまいます」

社長「そうですか、その辺をきちんと計算しておかなければいけないということですね。でも実際はなるべく均等に近

- 124 -

第5章　円満事業承継の仕上げ

づけてあげたいですね」

私「それが親心ですよね。そのためには自社株の評価を本当に狙って下げることが必要だと思いませんか？」

社長「いや、本当ですね。自社株は実際のお金にならない財産ですからつらいですね。しかし、遺言書で指定すればそれで済んでしまうとは思えませんね」

私「その通りです。社長の財産の中身によりますが、遺留分より多くても法定相続分に満たない財産を相続した子供は良い気持ちはしませんね。この辺のケアが大切なのです」

社長「そう思いますねー。しかし、どうしたらいいんでしょうか？」

私「遺言書には『付言』というものを書くことができます。多くの場合なぜこのような分割をするのかを配偶者、子供達に伝えるために書きます。
例えば、
①妻と巡り合えて本当に幸せであった。
②子供達一人ひとりに自分の感じる長所を褒める、期待を示す。
③このような分割になった背景を語る。
長男に株を持たせたとすれば、

- 125 -

第5章　円満事業承継の仕上げ

会社を守っていってほしい。そのためには株式を相続してもらわなければならない。

しかし株式は相続税の対象として金額が付いているが実際は現金化できない。また経営という十字架を背負うので社員のためにも本当に頑張ってほしい。

④後継者以外の子供に対して

相続面では均等にならないが長男には株式という紙切れを渡さざるを得なかった。あなたには実質的に多くの資産を受け取ってもらった。

⑤今後は母親を大切にしてみんな仲良く暮らしてほしい。

このようなことを物語的に書いてほしいのです」

第５章　円満事業承継の仕上げ

社長「なるほどですね。これなら真意が伝わるでしょう！　しかし、株は生前に何らかの形で後継者に渡していますよね。これはどうなるのですか？」

私「株式の移転は生前に済ませておくのですが、数年後に相続が発生した時は売買で移転した場合を除き特別受益として相続財産に差し戻されます。無税贈与であれ、相続時精算課税であれ同じです。したがって、遺産分割の際には対象となりますので遺言が必要なのです」

私「さらにもう一点、非常に大きなことにもかかわらずあまり言われていない恐ろしい事実があります」

社長「何ですか？　恐ろしいことって？」

私「民法上の未公開株式の評価額なんですが、争った場合は相続税上の価額ではないのです。何と、決まっていません」

社長「えっ！　どういうことですか？」

私「双方の弁護士が価額で正当性を争うのです。だからいくらになるか分からないのです」

社長「実際はどうなるのですか？」

私「いろいろあるようですが、純資産価額に近いと思っていいようです」

- 127 -

第5章　円満事業承継の仕上げ

社長「それでは相続税評価より断然高くなりそうですね」

私「ですから、未公開株式を相続財産にお持ちの経営者は、争いを起こさない環境づくりが一番大切になるのです」

社長「よ～く分かりました」

社長「遺言書の重要性は分かりましたが、そうは言ってもなるべく子供達に均等にしたり、額面が少ない子に上乗せできるものとか方策がないと理屈は分かるが具体的な手立てができないことになってしまいます。ここが私は一番知りたいです！」

第5章　円満事業承継の仕上げ

「相続争い」をなくす決定打は何か！

私　「社長のおっしゃる通りです。それでは、今までどんな本
　　　にも積極的に紹介されていなかった、万能薬に近い方策
　　　をお伝えします」

社長「やっぱりあるんですね、ぜひ聞かせてほしいです」

私　「それは生命保険です」

社長「本当ですか？　そんな話聞いたことないです」

私　「そうでしょうが、まあ聞いてください。
　　　まず生命保険の税法上と民法上の違いから解説させて
　　　もらいます」

生命保険金の税務上の取り扱い
・被相続人（親）の相続財産とみなす。
　ただし「みなし相続財産」という取り扱いで法定相続人の数
×500万円を非課税とする。
例)夫婦と子供2人の家庭で夫が亡くなり、
死亡保険金2,000万円、受取人が妻の保険に加入していた場合
法定相続人×500万円=3人×500万円=1,500万円が非課税にな
ります。

- 129 -

第5章　円満事業承継の仕上げ

残りの500万円が他の相続財産と合算され、相続税の対象になります。

生命保険金の民法上の取り扱い

・受取人固有の資産とみなす。

上記の例の場合

2,000万円は妻の固有の財産として考え、分割の対象にはならない。

すなわち、元々妻が持っていたポケットマネーと同じ扱いとなります。

社長「へえーそうなんですか？　初めて知りました。この違いがどういうふうに生かされるのですか？」

私「結論の前にちょっと確認しておきます。先ほど、子供達になるべく均等にしたい。少なくしか分けられない子供に増やしてあげたいとおっしゃいましたね？」

社長「そうです！」

私「均等に近づけたり格差を少なくするには、例えばどんな方法があると思いますか？」

社長「うーん、借金して少ない子にお金を払う？」

私「誰が借金するのですか？」

社長「それは沢山貰った子が借金して少ない子に与えるのか

第5章　円満事業承継の仕上げ

な？」

私 「そうですよね。多くもらった子がその借金で払えば均等
　　に近づきますよね。仮に借金しなくても自分の持ってい
　　るお金で払えばいいですね。これを代償金と呼びます」

社長「代償金ですか、しかし通常は借金してまではできないで
　　しょうね。自分のお金も現実的ではないように思います
　　ね」

私 「その通りです。しかし相続の現場では代償金が争いをな
　　くしているのです」

第5章　円満事業承継の仕上げ

遺産分割事件のうち認容・調停成立件数（分割方法別）

	H28年度	H27年度	H26年度	H25年度
土地・建物・現金　etc.	641	706	846	849
土地・建物	594	653	695	769
現金　etc.	341	439	445	510
土地	284	340	352	443
その他の組み合わせ	629	730	775	803
上記に代償金を払う旨の定めがされたもの	5,030 (66.3%)	5,296 (64.9%)	5,580 (64.2%)	5,608 (62.4%)
総数	7,519	8,164	8,693	8,982

（裁判所司法統計より）

私「この資料は、分割でもめて裁判所にて調停という話し合いが行われた時に、話し合いで合意した時のデータです。何と 65％くらいが代償金を活用して話し合いで合意しているというデータです」

社長「そうなんですか、争う前に代償金を支払えば争わずに済んでいたかもしれませんね」

私「同感です。そこで生命保険なのです！　株式を相続する子供が、親である社長の生命保険の受取人になっていたらどうなりますか？」

第5章　円満事業承継の仕上げ

社長「親の生命保険金を後継者が受け取る。そして？」

私「その保険金は後継者のポケットマネーですよね！」

社長「そうか！　その保険金を財産分割で少なくもらう子に代償金として支払えばいいんですね」

私「その通りです。これで少しは均等に近づけられますね」

社長「すると自分の場合は自分で生命保険に加入して受取人を家内ではなく後継者の長男に指定すればいいのですね。金額は全体の比率で考えるわけですが、法定相続分とか遺留分とかを配慮して決めればいいということですね」

私「その通りです！　これが争いをなくす環境づくりであり、具体策です」

社長「いや～やっと分かってきました！　一つ思ったのですが、代償金は贈与にならないのですか？」

私「よく質問されますが、これは贈与になりません。
簡単な例で申し上げると、
（前述（25～27ページ）で代償金の解説をしましたが、重要なのでもう一度確認します）。
長男が後継者で株を10,000万円分相続したとして、次男がその他の財産5,000万円分相続しました。

- 133 -

第 5 章　円満事業承継の仕上げ

この場合は不均衡で争う余地が出てしまいます。

そこで 2,500 万円の死亡保障の生命保険に父親が加入していて受取人が長男だとします。

長男が受け取った 2,500 万円を次男に代償金として支払ったとします。

この場合の税務は

長男　10,000 万円−代償金 2,500 万円=7,500 万円

次男　5,000 万円+代償金 2,500 万円=7,500 万円という計算になります。

したがって、相続税の計算の中で完結されるので、贈与にはならないのです」

社長「安心しました！　これで円満相続、円満事業承継が完結するのですね」

第6章

円満相続で知って
おかなくてはならない
最後で基本の事柄

第6章　円満相続で知っておかなくてはならない最後で基本の事柄

税法上と民法上の取り扱い

社長「最後で基本の事柄とは、何か穏やかでないですね！」

私「そうなんです。ここは微妙ですが、民法上の取り扱いです」

社長「民法上ですか？」

私「そうです、相続の現場ではこのことを理解しないまま話が進むと最後にとんでもない争いになってしまうことが多いのでしっかりと確認しておくことが重要です。ここで税法上と民法上の相続財産に関する取り扱いの違いと、相続上の分割についてご説明しておきます」

社長「税法上と民法上はどう違うのですか？」

　基本的な考え方として財産の評価は税務上も民法上も時価です。

　ただし、税法上は財産評価基本通達に基づき税務上の価額を算出します。

- 136 -

第6章　円満相続で知っておかなくてはならない最後で基本の事柄

民法上は常に時価をもって考えます。したがって相続財産の分割においても時価が基本です。

ここで双方の扱いで大きく違うものの代表を整理しておきます。

・税法上と民法上の相続財産に関する取り扱いの違い

土地	小規模宅地の扱い	税法上	路線価方式の８０％減（最大）
		民法上	時価（８０％減なし）
株式	未公開株式	税法上	財産評価基本通達に基づく
		民法上	時価（純資産価額に近い）交渉価額

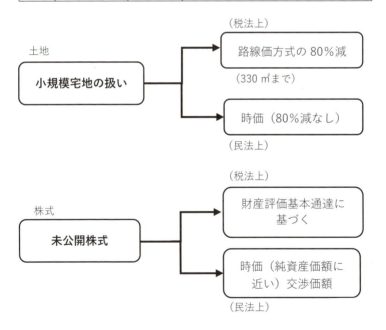

第6章　円満相続で知っておかなくてはならない最後で基本の事柄

前にもお話ししましたが、時価の方が高額です。

　民法上の分割は遺言のない場合は相続人同士の協議によるものが優先です。どちらの価額を採用しても構いません。しかし、相続争いとなってしまった場合は民法上の価額で争うことになるのが通常です。

（例）

①ある相続での話です。母親と子供（姉と弟の2人）の家族です。姉が母親と同居していました。母親の死亡に伴い相続が発生しました。

財産は、

土地300㎡　路線価が5,000万円（時価6,500万円）

自宅建物　固定資産税評価500万円

有価証券3,000万円分

現金1,000万円

生命保険死亡保険金2,000万円　受取人は姉（税務上は1,000万円、民法上は受取人固有の資産で0円）でした。

まず税務上の評価額だけで考えてみます。

土地 路線価は5,000万円ですが、姉が同居していますので姉が相続すると小規模宅地の評価減が適用できますので 80%減で1,000万円の評価額となります。

自宅建物 500万円

有価証券 評価額は購入時より下がっており時価で2,000万円

現金 1,000万円

- 138 -

第6章　円満相続で知っておかなくてはならない最後で基本の事柄

生命保険 相続人1人につき500万円の非課税枠があるので評価額は1,000万円

合計で5,500万円です。

そこで、姉が土地と建物、生命保険ならびに現金250万円を相続する。

　（1,000万円＋500万円＋1,000万円＋250万円＝2,750万円）

弟が有価証券と現金750万円を相続する。

　（2,000万円＋750万円＝2,750万円）

これで税務評価上は同額になるので、分割協議で同意すれば円満相続になります。

しかし、弟から見てどうも不公平だということで土地の価額につき異論が出ると民法上、すなわち時価が問われますね。

民法上の評価を出してみましょう。

土地 時価は6,500万円（近隣の売買相場）

自宅建物 500万円

有価証券 2,000万円

現金 1,000万円

生命保険 受取人固有の資産として考えるので0円

合計で10,000万円です

そこで、話し合いの結果以下のように分割し、話し合いがまとまりました。

姉が土地と自宅建物そして多い分だけ生命保険金受け取り分を弟に代償金として支払う。

- 139 -

第6章　円満相続で知っておかなくてはならない最後で基本の事柄

（6,500万円＋500万円−2,000万円＝5,000万円）

弟は有価証券と現金、代償金2,000万円を受け取る。

（2,000万円＋1,000万円＋2,000万円＝5,000万円）

これで均等になりました。

代償金があったからこそできた円満分割です。

ここでも代償金の大切さがご理解いただけたかと思います。

ちなみに相続争いで裁判となっているのは、ここで言うと土地の価額についての評価で揉めるのです。ここでは時価6,500万円としましたが、姉側（土地をもらう側）から見るともっと安い方が有利ですね。弟側（土地をもらわない側）から見るともっと高い方が有利になります。

双方が価額で揉めるのです。

未公開株式もここの例で言う土地と同じ扱いになります。

税法上 の価額	＜	民法上 の価額

第6章　円満相続で知っておかなくてはならない最後で基本の事柄

社長「それでは一体どうすればいいんですか？　分からなく
　　　なってきました」

私「基本は相続争いにしない環境です。その大きな力になる
　　のが遺言ですが、遺言の限界があります」

社長「遺言は絶対ではないのですか？」

私「はい、例えばお父さんが『財産の全てを愛人に相続させ
　　る』と言ったらどうしますか？」

社長「うーん、気持ちは分かるが、それはマズイな」

私「そうですよね、民法上では配偶者、子供には法定相続分
　　の半分は必ず相続できる権利を与えています。これを遺
　　留分と言いましたね」

社長「なるほど、遺留分に満たない財産しか遺言で指定されて
　　　いないときはどうなるのですか？」

私「その相続人は遺留分減殺請求と言って多くもらった相
　　続人に対して自分の遺留分に満たない分を返済するよ
　　うに要求できるわけです」

社長「そういうことですか、であればその遺留分を考慮した遺
　　　言にしないと争いの元になってしまいかねないですね」

私「その通りです」

- 141 -

第6章　円満相続で知っておかなくてはならない最後で基本の事柄

社長「しかし、株式の場合高額になるのでこれは難しいのではないかな？」

民法の遺留分に関する固定合意と除外合意

私「そこで現在は『民法の遺留分に関する固定合意と除外合意』という制度ができています」

民法の遺留分に関する固定合意と除外合意
固定合意：相続人同士が未公開株式の評価価額をある一定の価額で固定することを合意することによって、将来の相続発生時においても合意した評価額を民法上の価額として扱うことになる。
除外合意：相続人同士が未公開株式の評価価額を将来の相続時に含めないという合意をすることで、株価価額が民法上の相続財産から除外される。

私「先ほど、円満事業承継のモデルパターンでお話しした相続時精算課税のことを思い出してください。株価を狙って下げた後に相続時精算課税で後継者に贈与するものです。相続時精算課税はその後相続が発生した時には贈与した時点の価額で差し戻しますね」

第6章　円満相続で知っておかなくてはならない最後で基本の事柄

社長「はい、そうでした。しかし息子が頑張って会社を盛り立
　　　てると株価が上昇します。もともと狙って株価を下げた
　　　のですから当たり前にやっていても株価は上がります
　　　よね。そんな時に税務上は株価を固定してくれているの
　　　で節税になっていたわけですね」

私　「しかし、民法上は相続時の時価でした。すると、後継者
　　　は頑張れば頑張るほど分割上自分で首を締めていくこ
　　　とになります」

社長「あっ、そうか！　固定合意していれば、相続時精算課税
　　　と同じに価額が固定されているということですね」

私　「その通りです、ですから相続時精算課税と同時に固定合
　　　意をしておけばいいのです。平成30年度事業承継税制
　　　を活用しても図式は同じです」

社長「そうすれば株式においても価額を決めた上で相続対策
　　　というか、分割対策をきちんとできるということです
　　　ね。これでスッキリ致しました。今までお聞きした通り
　　　に行っていけば、円満事業承継が可能になりますね。あ
　　　りがとうございました」

私　「こちらこそ長時間にわたりありがとうございました。ご
　　　理解いただき大変嬉しいです」

第 7 章

平成 30 年度
事業承継税制を活用
したモデルケース

第 7 章　平成 30 年度事業承継税制を活用したモデルケース

平成30年度 事業承継税制を活用したモデルケース

社長「全体を理解したところで平成 30 年度事業承継税制を使った場合どういう手順になるか教えて下さい」

私「はい、そうですね。まずは平成 35 年 3 月 31 日までに特例承認計画を提出しなければなりません」

社長「その計画書は難しいものですか？」

私「いや、そうでもありません。

①始めに会社の事業内容、資本金、または出資の総額、従業員さんの数です。

ただ、言葉の意味が分かり難いところがありますので、まず、ここだけ説明しておきます。

②特例代表者：現在株式を保有している人のことです。

③特例後継者：特例代表者から株式を継承する予定の後継者のことです」

社長「なんか、持って回った様な言い方ですね。ちょっと見ただけでは分かり難いです」

- 146 -

第7章　平成30年度事業承継税制を活用したモデルケース

私　「④は後継者が株式を取得するまでの期間（〇〇年〇月～
　　　〇〇年〇月）における経営の計画について記載します。
　　　ただし、先代経営者（特例代表者）が役員を退任してい
　　　る場合は不要です。
　　　⑤特例後継者が株式を継承した後5年間の経営計画。
　　　ただこれは、売上目標や営利目標について求めているの
　　　ではなく、どのように経営をしていくか具体的な取組み
　　　内容を記載するものです」

社長「う～ん、それはそれなりに結構大変ですね」

私　「そうかも知れませんが、国はやっぱり本気で後継者に
　　　『きちっと後継して会社を良くしてもらいたい』と考え
　　　ているのです。
　　　そのためにこの特例承継計画は政府認定の経営革新等
　　　支援機関による承認を求めているのです」

社長「なるほど、単なる作文ではなく真剣にやれってことです
　　　ね」

私　「そして最後に先ほどの認定支援機関による指導、助言の
　　　内容を記載することになっています。
　　　その上で都道府県に届け確認をもらうことで特例承継
　　　計画が完了します」

第7章　平成 30 年度事業承継税制を活用したモデルケース

社長「1つ質問ですが、計画に変更が出た場合はどうするのですか」

私　「変更申請書を都道府県に提出し確認を受けることができます。この場合も認定支援機関による指導、助言を受けなければなりません。ただし、注意しなければならないことがあります」

社長「多分、何でもかんでも変えるなんてことはできないでしょうね！」

私　「はい、そうです。
　　　まず、特例後継者は変更できません。これは当然ですね。ただし、特例後継者は3名まで記載できることになっています。（この場合3名に代表権を渡すことが前提ですが）
　　　この3名の内で株の贈与、相続を受けていない者については変更可能です」

社長「3名までは代表権を渡すということが可能でしたね。
　　　しかし、現実にこれは会社にとって良い選択とは思えないのですが、どうですか？」

私　「私も同感です。ただその会社の歴史や現状の中でどうしてもそうせざるを得ない場合もあるかもしれません。
　　　私であれば他の策を考えますね。

- 148 -

第 7 章　平成 30 年度事業承継税制を活用したモデルケース

　　　例えば会社分割とか、完全事業部制によってある程度
　　　独立性を持たせるとかですかね」

社長「分かりました。やっぱり長は 1 人だと思います」

　私　「さて、その次ですが、当然ながら特例後継者として承
　　　認計画に載っていない者を加えることはできません。
　　　最後に事業承継後 5 年間の事業計画を変更する場合、
　　　これも認定支援機関の指導、助言を受けることとなり
　　　ます」

社長「そうすると、概して言えば、後継者は変更できない。
　　　それ以外は認定支援機関の指導、助言のもとで変更が
　　　可能ということですね」

　私　「そうですね。
　　　実際はまだ始まったばかりですので変更もあるかもし
　　　れませんが、概ねそう思っていていいと思います」

社長「確認なんですが、後継者が株式を取得するまでの期間で
　　　すが平成 39 年の 12 月 31 日まででしたね」

　私　「はい、そうです」

社長「計画書上の取得するまでの期間の書き方ですが、
　　　例えば平成 35 年 4 月 1 日から平成 39 年の 12 月 31 日
　　　としても良いのでしょうか？」

- 149 -

第 7 章　平成 30 年度事業承継税制を活用したモデルケース

私　「それはどうでしょうか？
　　記入例によると○○年○月と明確にされているので
　　あまり長い期間ですと計画と言い難い部分があります
　　ね。
　　先ほどの平成 39 年 12 月 31 日までででも書類上は問題な
　　いと東京都は言っていますが、所在地の申請窓口にお問
　　い合わせ頂くことをお勧めします。
　　ただ、実務的に言えば半年間くらいの間で計画しないと
　　後々の相続対策に影響が出てしまいますね」

社長「そりゃそうですね。あの～後々の相続対策とは前にお話
　　頂いていた一連の円満事業承継のことですか？」

私　「そうです」

※巻末に資料

社長「ところでもう一度確認のために一連の流れと注意事項
　　を教えて下さい」

私　「はい、分かりました。あくまでサンプルですので、この
　　通りとは限りません。
　　ただし、この流れに基づいて下されば大きな間違いは起
　　こらない筈です」

第 7 章　平成 30 年度事業承継税制を活用したモデルケース

手　順

①後継者を決める。（変更ができません）

もちろん帝王学を学ばせて下さい。

②特例承認計画を作成する。

ここでの手順がもう 1 つあります。

1) 株価の評価を行い現在の価額を把握する

これによって価額が安ければ事業承継税制を活用する必要がないかも知れません。私見ですが、総額 7,000 万円以上であれば税制を活用するという前提で進んで下さい。

2) 税制活用の条件合わせ

先代経営者、後継者の条件を確認して条件に合うように体制を整える。

3) 株式の贈与時期を決める

これに基づき株価評価減対策を打つ。

（現社長の退職金対応 etc.　生命保険の活用を考える）

③特例承認計画を提出する（平成 35 年 3 月 31 日まで）

④承認計画に基づき相続対策を考える

1) 想定株価と他の自己資産を合算し

相続人への分割と相続税支払い能力を考える。

2) 遺言を作成する

- 151 -

第 7 章　平成 30 年度事業承継税制を活用したモデルケース

　（現経営者の覚悟を決めることです）
3）株式を相続しない相続人への代償金対策として
　生命保険の活用を考える。

⑤特例承認計画に基づき贈与を実行し贈与税の納税猶予を申請する（翌年の 1 月 15 日まで）
1）贈与は株価評価減対策を行った翌期に行う
2）再度株価評価を行いその評価減した価額を基に相続時精算課税にて贈与を行う

⑥民法における遺留分の固定合意または除外合意を行う
　ここで将来に必ず起こる相続における分割につき現経営者、後継者、後継者以外の相続人が話し合いを行う。
　遺言の付言と同様な想いを伝えて下さい。
　（遺言はここで作成しても OK です）

　私　「大体このような流れになると考えています」

社長「質問があります。株価総額が 7,000 万円以上で税制活用
　　　する目安とのことですが、これはどういう理由でしょう
　　　か」

　私　「まず相続時精算課税にて贈与することを前提としてい
　　　ます。さらに、株価評価減対策を打ちます。

- 152 -

第 7 章　平成 30 年度事業承継税制を活用したモデルケース

結果として評価減をした段階で総額 5,000 万円くらいで
ないと支援機関へのコンサルティング料や猶予後 5 年
間の報告、その後 3 年間毎の報告等の手間を考えた場合
ペイはしないと思われるからです」

社長「なる程そうですか、5,000 万円とすると相続時精算課税
では確か

（5,000 万円－2,500 万円）×20％＝500 万円

ということでしたね。

このくらいであれば何とかなりますね」

私　「社長よくご理解下さってありがとうございます。

その通りです」

［**贈与税猶予の後の相続時の関係**］

社長「もう 1 つ質問があります。

私が将来死んだ時は相続となりますが、猶予されていた
贈与税と相続税の関係はどうなりますか？」

私　「良い質問です！

相続が発生した後はもちろん全資産を対象として、相続
税を計算します。

その時、株式については相続時精算課税ですので贈与時
の価額で持ち戻します。

第 7 章　平成 30 年度事業承継税制を活用したモデルケース

その上で、相続税の総額を算出します。ご存じのように相続税は相続人の法定相続割合に基づき分割したものと考え、1 人 1 人の税額を算出し合計した金額がその一家の相続税となるわけです。

次に本当に分割した分の按分比例で各自の相続税を算出します。

ここまでは通常の流れです。

この後に相続税の軽減が加味されるのです。

（例えば配偶者の総額の半分、または 1.6 億円分までは無税とする）

ここで株式を相続した後継者は、この分の相続税が猶予されるというものです」

社長「ちょっと分かりづらいですね」

私　「それでは例でお話ししましょう」

第7章　平成30年度事業承継税制を活用したモデルケース

例として

■相続人　：　母、子供3人とする（長男が後継者）

税務上

土地（自宅）
　　路線価　5,000万→1,000万（母が相続するとして）
　　　　家　　　　　　　700万　　（固定資産税評価額）
株　　　　　　　　20,000万
現金　　　　　　　　3,000万
金融資産　　　　　　5,000万
動産　　　　　　　　2,000万

生命保険　3,000万→2,000万（受取人：妻）

　　　　　3,000万→2,000万（受取人：長男）

→4,000万
（6,000万
－非課税枠
500万×法定
相続人数4）

　　　　資産合計　35,700万円

以下の様に分割したとします。

　母　　土地　　　　　　　1,000万
　　　　家　　　　　　　　　700万
　　　　生命保険　　　　　2,000万（非課税分を考慮）
　　　　動産　　　　　　　1,000万
　　　　　　　　　　　　　4,700万

　長男　株　　　　　　　20,000万
　　　　生命保険　　　　　2,000万（非課税分を考慮）
　　　　　　　　　　　　22,000万

第7章　平成30年度事業承継税制を活用したモデルケース

長女	現金	1,500万
	金融資産	2,500万
	動産	500万
		4,500万

次男	同上	4,500万
		35,700万

民法上の総資産額

土地	時価	6,500万（時価は路線価より約30%アップ）
家		700万
株		20,000万（固定合意をしていたとします）
現金		3,000万
金融資産		5,000万
動産		2,000万
		37,200万

分割

母	土地	6,500万
	家	700万
	動産	1,000万
		8,200万

長男	株	20,000万

長女	現金	1,500万
	金融資産	2,500万
	動産	500万
		4,500万

次男	同上	4,500万

（子の遺留分　3,100万）

第 7 章　平成 30 年度事業承継税制を活用したモデルケース

税務上

相続税の計算

総資産－基礎控除＝課税資産額
35,700 万－（3,000 万＋600 万×4）＝30,300 万円

法定相続分に相続したとして課税額を算出

母　　　15,150 万×40%－1,700 万＝4,360 万
長男　　5,050 万×30%－700 万＝815 万
長女　　5,050 万×30%－700 万＝815 万
次男　　5,050 万×30%－700 万＝815 万

合計額が一家の相続税額となります。
4,360 万＋815 万×3＝6,805 万円

それぞれが相続した按分にて各自の税額が決定します。

母　　　 4,700 万／35,700 万＝13.17%×6,805 万＝896.21 万
長男　22,000 万／35,700 万＝61.63%×6,805 万＝4,194 万
長女　　4,500 万／35,700 万＝12.6%×6,805 万＝857.4 万
次男　　4,500 万／35,700 万＝12.6%×6,805 万＝857.4 万

軽減として母は無税となります。

ここで長男は株の贈与における贈与税
（20,000 万－2,500 万）×20%＝3,500 万
が猶予されていましたが、これが免除されます。

相続に伴い株式 20,000 万円分の相続税は
20,000 万／35,700 万＝56.02%×6,805 万＝3,812 万円
これが相続税として改めて猶予されるわけです。

- 157 -

第 7 章　平成 30 年度事業承継税制を活用したモデルケース

したがって長男の税金は 4,194 万－3,812 万＝382 万となります。しかし、これでは均等分割に程遠いので、生命保険による代償金機能を働かせます。

長男受け取りの 3,000 万円を長女、次男に 1,500 万ずつ支払うのです。

母は変わらず　　　　　　　＝4,700 万
長男　　22,000 万－3,000 万＝19,000 万
長女　　　4,500 万＋1,500 万＝6,000 万
次男　　　4,500 万＋1,500 万＝6,000 万

各自の税は、

長男　　19,000 万／35,700 万＝53.22％×6,805 万＝3,622 万
長女　　　6,000 万／35,700 万＝16.8％×6,805 万＝1,144 万
次男　　　6,000 万／35,700 万＝16.8％×6,805 万＝1,144 万

長男は前記同様で株式 20,000 万円分の相続税 3,812 万円が猶予されるので実質 0 円

まだ不均等ではありますが、
長女、次男の手取りは
4,500 万－税金 857.4 万＝3,642.6 万円から
6,000 万－税金 1.144 万＝4,856 万円へ増えます。
この様に代償金により不均等を減らすことで
相続上の不満を取り除くことができます。

民法上の分割から見ると

母　　　土地　　　　6,500 万
　　　　家　　　　　　700 万　　　合計 8,200 万円
　　　　動産　　　1,000 万

第 7 章　平成 30 年度事業承継税制を活用したモデルケース

長男　　株　　20,000 万－3,000 万（代償金）＝17,000 万円

長女　　現金　　　　1,500 万
　　　　金融資産　　2,500 万　　　　　合計 6,000 万円
　　　　動産　　　　　500 万
　　　　代償金　　　1,500 万

次男　　　　　　　　同上　　　　　　　合計 6,000 万円

長女、次男は法定相続分（37,200 万×1/6＝6,200 万円）には
満たないが
遺留分（6,200 万×1/2＝3,100 万円）は確保されています。

したがって、遺言にてここをきっちりと明確にしておくこと。

また付言等でその理由を心を込めて伝えることで納得できる

ものとなるはずです。

第 7 章　平成 30 年度事業承継税制を活用したモデルケース

社長「なるほど、このように書いてもらうと全体の流れが見え
てきますね。
ちょっと気づいたのですが、株価のウエイトが高いと不
均等が大きくなりますね」

私　「その通りです。ですから、株価評価減は本当に重要なの
です。
贈与税、相続税が猶予されるからあまり関係ないと思っ
ている人がいますが、大きな間違いですね」

社長「私も株価評価減を軽く考えていました。反省します。
それと代償金なんですが、これは多ければ多いほどいい
ということになりますね」

私　「そうです！　先ほどの例であれば、金融資産や現預金を
もう少し生命保険にしておけばより良くなると思いま
す。受取人は後継者です」

社長「なるほど、そういうことですね」

私　「生命保険の良いところはもう 1 つあります。
もし、自分の生活で資金が必要になった時はいつでも解
約したり、一部資金を引き出すことはすぐできますの
で、気軽に加入しておいていいと思います」

第7章　平成30年度事業承継税制を活用したモデルケース

社長「そうなんですか？　そうするといつでもある程度自由に使えて、しかも相続の時に争い回避の手助けになる。こういうわけなんですね」

私　「その通りです」

社長「いや～、生命保険に対する見方が変りました」

私　「詳しい保険商品の内容は知り合いのセールスの方にお聞き下さい！
　　　あと、ご注意いただきたいことが1つあります。
　　　社長、分かりますか？」

社長「えっ？　何だろう。
　　　もしかして、遺留分のことですか？」

私　「さすがです。そうなんです。
　　　遺留分に満たないものしか後継者以外の相続人に渡せない事態にしないということです。
　　　ですから、民法の遺留分の固定合意、除外合意を行う時に充分に話し合いが必要だと思います。
　　　その意味でも繰り返しになりますが、遺言と株価評価減対策と代償金対策を考えて下さい」

社長「そういうことですね。でも、ポイントが分かれば意外に分かり易いですね」

- 161 -

第7章　平成30年度事業承継税制を活用したモデルケース

私　「はい、そうです。最後に、先代社長の相続が発生し、贈
与税の猶予から相続税の猶予に変わる時の注意が1つ
あります。それは、相続発生してから8か月以内の申請
が必要なんです」

社長「えっ？　10か月以内ではないんですか？」

私　「通常の相続税支払いは10か月ですが、この制度では8
か月以内の申請です。
株式に関して贈与されているとは言え、分割でもめて株
式を後継者以外に渡さなければならないという事態と
なっては全てが無駄となってしまいます」

社長「その場合、納税猶予の要件から外れてしまうのです
か？」

私　「制度上は納税猶予は残ります。ただし、それにより株が
後継者以外に渡ってしまうのであれば本来の目的は果
たせなかったことになります。相続税の支払いは10か
月以内ですが、揉めているとこれもできなくなる可能性
が高くなります。
ですから、早めに今までお話した環境づくりを行ってほ
しいのです」

社長「充分に分かりました。本当にありがとうございます」

- 162 -

第7章　平成30年度事業承継税制を活用したモデルケース

私「こちらこそ、最後までお付き合い下さり心より感謝致します。ありがとうございました」

巻末資料

■巻末資料1

様式第21

施行規則第17条第2項の規定による確認申請書
（特例承継計画）

年　月　日

都道府県知事　殿

郵 便 番 号
会 社 所 在 地
会　社　名
電 話 番 号
代表者の氏名　　　　　　　印

　中小企業における経営の承継の円滑化に関する法律施行規則第17条第1項第1号の確認を受けたいので、下記のとおり申請します。

記

1　会社について

主たる事業内容	
資本金額又は出資の総額	円
常時使用する従業員の数	人

2　特例代表者について

特例代表者の氏名	
代表権の有無	□有　□無（退任日　年　月　日）

3　特例後継者について

特例後継者の氏名（1）	
特例後継者の氏名（2）	
特例後継者の氏名（3）	

4　特例代表者が有する株式等を特例後継者が取得するまでの期間における経営の計画に

ついて

株式を承継する時期（予定）	年　月　～　　年　月
当該時期までの経営上の課題	
当該課題への対応	

5　特例後継者が株式等を承継した後5年間の経営計画

実施時期	具体的な実施内容
1年目	
2年目	
3年目	
4年目	
5年目	

巻末資料

（備考）

① 用紙の大きさは、日本工業規格A4とする。

② 記名押印については、署名をする場合、押印を省略することができる。

③ 申請書の写し（別紙を含む）及び施行規則第17条第2項各号に掲げる書類を添付する。

④ 別紙については、中小企業等経営強化法に規定する認定経営革新等支援機関が記載する。

（記載要領）

① 「2　特例代表者」については、本申請を行う時における申請者の代表者（代表者であった者を含む。）を記載する。

② 「3　特例後継者」については、該当するものが一人又は二人の場合、後継者の氏名（2）の欄又は（3）の欄は空欄とする。

③ 「4　特例代表者が有する株式等を特例後継者が取得するまでの期間における経営の計画」については、株式等を特例後継者が取得した後に本申請を行う場合には、記載を省略することができる。

- 166 -

巻末資料

(別紙)

認定経営革新等支援機関による所見等

1　認定経営革新等支援機関の名称等

認定経営革新等支援機関の名称	印
（機関が法人の場合）代表者の氏名	
住所又は所在地	

2　指導・助言を行った年月日
　　　　　年　　　月　　　日

3　認定経営革新等支援機関による指導・助言の内容

巻末資料

■巻末資料2

【事業承継税制】

各都道府県の申請窓口・お問合せ先（部署名・住所・TEL）（平成 30 年 5 月現在）

北海道	経済部地域経済局中小企業課	011-204-5331
060-8588	北海道札幌市中央区北 3 条西6 丁目	
青森県	商工労働部地域産業課創業支援グループ	017-734-9374
030-8570	青森県青森市長島 1 丁目1 番 1 号	
岩手県	商工労働観光部経営支援課	019-629-5542
020-8570	岩手県盛岡市内丸 10 番 1 号	
宮城県	経済商工観光部中小企業支援室	022-211-2742
980-8570	宮城県仙台市青葉区本町 3 丁目8 番 1 号	
秋田県	産業労働部産業政策課	018-860-2215
010-8572	秋田県秋田市山王 3 丁目1 番 1 号	
山形県	商工労働部中小企業振興課	023-630-2354
990-8570	山形県山形市松波 2 丁目8 番 1 号	
福島県	商工労働部経営金融課	024-521-7288
960-8670	福島県福島市杉妻町 2 番 16 号	
茨城県	産業戦略部中小企業課	029-301-3560
310-8555	茨城県水戸市笠原町 978 番 6	
栃木県	産業労働観光部経営支援課	028-623-3173
320-8501	栃木県宇都宮市塙田1 丁目1 番 20 号	
群馬県	産業経済部商政課	027-226-3339
371-8570	群馬県前橋市大手町 1 丁目1 番 1 号	
埼玉県	産業労働部産業支援課	048-830-3910
330-9301	埼玉県さいたま市浦和区高砂 3 丁目15 番 1 号	
千葉県	商工労働部経営支援課	043-223-2712
260-8667	千葉県千葉市中央区市場町 1 番 1 号	
東京都	産業労働局商工部経営支援課	03-5320-4785
163-8001	東京都新宿区西新宿 2 丁目8 番 1 号	
神奈川県	産業労働局中小企業部中小企業支援課 （かながわ中小企業成長支援ステーション）	046-235-5620
243-0435	神奈川県海老名市下今泉 705 番地 1 県立産業技術 総合研究所 2 階	
新潟県	産業労働観光部産業政策課経営支援室	025-280-5235
950-8570	新潟県新潟市中央区新光町 4 番地 1	
富山県	商工労働部経営支援課	076-444-3248

- 168 -

930-8501	富山県富山市新総曲輪 1 番 7 号	
石川県	商工労働部経営支援課	076-225-1522
920-8580	石川県金沢市鞍月 1 丁目 1 番地	
山梨県	産業労働部企業立地・支援課	055-223-1541
400-8501	山梨県甲府市丸の内 1 丁目 6 番 1 号	
長野県	産業労働部産業立地・経営支援課	026-235-7195
380-8570	長野県長野市大字南長野字幅下 692 番 2 号	
岐阜県	商工労働部商業・金融課	058-272-8389
500-8570	岐阜県岐阜市薮田南 2 丁目 1 番 1 号	
静岡県	経済産業部商工業局経営支援課	054-221-2807
420-8601	静岡県静岡市葵区追手町 9 番 6 号	
愛知県	産業労働部中小企業金融課	052-954-6332
460-8501	愛知県名古屋市中区三の丸 3 丁目 1 番 2 号	
三重県	雇用経済部中小企業・サービス産業振興課	059-224-2447
514-8570	三重県津市広明町 13 番地	
福井県	産業労働部産業政策課小規模企業応援室	0776-20-0367
910-8580	福井県福井市大手 3 丁目 17 番 1 号	
滋賀県	商工観光労働部中小企業支援課	077-528-3732
520-8577	滋賀県大津市京町 4 丁目 1 番 1 号	
京都府	商工労働観光部ものづくり振興課	075-414-4851
602-8570	京都府京都市上京区下立売通新町西入薮ノ内町	
大阪府	商工労働部中小企業支援室経営支援課	06-6210-9490
559-8555	大阪市住之江区南港北 1 丁目 14 番 16 号咲洲庁舎 25 階	
兵庫県	産業労働部産業振興局経営商業課	078-362-3313
650-8567	兵庫県神戸市中央区下山手通 5 丁目 10 番 1 号	
奈良県	産業振興総合センター創業・経営支援部経営支援課	0742-33-0817
630-8031	奈良県奈良市柏木町 129 番地 1 号	
和歌山県	商工観光労働部商工労働政策局商工振興課	073-441-2740
640-8585	和歌山県和歌山市小松原通 1 丁目 1 番	
鳥取県	商工労働部企業支援課	0857-26-7453
680-8570	鳥取県鳥取市東町 1 丁目 220 番地	
島根県	商工労働部中小企業課	0852-22-5288
690-8501	島根県松江市殿町 1 番地	
岡山県	産業労働部経営支援課	086-226-7353
700-8570	岡山県岡山市北区内山下 2 丁目 4 番 6 号	

巻末資料

広島県	商工労働局経営革新課	082-513-3370
730-8511	広島県広島市中区基町 10 番 52 号	
山口県	商工労働部経営金融課	083-933-3185
753-8501	山口県山口市滝町 1 番 1 号	
徳島県	商工労働観光部商工政策課	088-621-2322
770-8570	徳島県徳島市万代町 1 丁目1 番地	
香川県	商工労働部経営支援課	087-832-3345
760-8570	香川県高松市番町四丁目1 番 10 号	
愛媛県	経済労働部産業支援局経営支援課	089-912-2480
790-8570	愛媛県松山市一番町 4 丁目4 番 2 号	
高知県	商工労働部経営支援課	088-823-9697
780-8570	高知県高知市丸ノ内 1 丁目2 番 20 号	
福岡県	商工部中小企業振興課	092-643-3425
812-8577	福岡県福岡市博多区東公園 7 番 7 号	
佐賀県	産業労働部経営支援課	0952-25-7182
840-8570	佐賀県佐賀市城内 1 丁目1 番 59 号	
長崎県	産業労働部経営支援課	095-895-2616
850-8570	長崎県長崎市尾上町 3 番 1 号	
熊本県	商工観光労働部商工労働局商工振興金融課（製造業以外）／商工観光労働部新産業振興局産業支援課（製造業）	096-333-2316
862-8570	熊本県熊本市中央区水前寺 6 丁目18 番 1 号	096-333-2319
大分県	商工労働部経営創造・金融課	097-506-3226
870-8501	大分県大分市大手町 3 丁目1 番 1 号	
宮崎県	商工観光労働部商工政策課経営金融支援室	0985-26-7097
880-8501	宮崎県宮崎市橘通東 2 丁目10 番 1 号	
鹿児島県	商工労働水産部経営金融課	099-286-2944
890-8577	鹿児島県鹿児島市鴨池新町 10 番 1 号	
沖縄県	商工労働部中小企業支援課	098-866-2343
900-8570	沖縄県那覇市泉崎 1 丁目2 番 2 号	

おわりに

　「事業承継」と一言で言ってもさまざまな法律や制度にわたる分野がありますので非常に複雑に思われます。これをなるべくシンプルにお伝えしたつもりですが、読者の皆様はいかがでしたでしょうか？

　最終的には専門家にご確認いただき、ご自身の会社やご家庭の状況を鑑みながらプランを立てていただきたいです。本書がその時の羅針盤になると確信しています。

　なお、本書を執筆するにあたってご指導をいただいた金田勇公認会計士、川辺洋二税理士ならびに松本徹子弁護士に心より感謝申し上げます。

事業承継エキスパート　　齋木　修次

著者プロフィール
　齋木　修次（さいき・しゅうじ）
・50歳になったら相続学校銀座校校長
・ディライト㈱会長
・MDRT登録25回終身会員
・相続アドバイザー協会認定会員
・AFP
・日本プレゼンテーション協会認定プロ講師
1952年　東京都生まれ
　　　　　早稲田大学教育学部卒業
1977年　キヤノン販売㈱入社
1992年　ソニー生命保険㈱入社
1996年　最高位エグゼクティブライフプランナーに認定される
1997年　ディライト㈱設立（生命保険代理店、ソニー生命保険㈱が出資）
2013年　50歳になったら相続学校銀座校設立、校長に就任

ソニー生命及びディライト㈱の20年間は主に法人の生命保険販売を行い、企業の財務力アップのサポートを行う。
生命保険販売20年間（1992年〜2012年）において、世界における業界トップのMDRTに在籍し、その間TOTに4回、COTに9回の登録を行う。
50歳になったら相続学校銀座校においては、生命保険セールスの大会及び保険会社の研修会にて講演多数。
一般向け「身近な相続」、企業経営者向け「未公開株式評価」のセミナーも開催。
日本から「相続争いをなくす」をテーマに活動中。

アッという間にわかる・誰でもすぐわかる
事業承継の本

2018年11月30日　初版発行　　　定価（本体1,850円＋税）
著　者　　齋木　修次
編　集　　浦瀬　孝行
発行者　　今井　進次郎

発行所　　株式会社 新日本保険新聞社
　　　　　〒550-0004 大阪市西区靱本町1-5-15
　　　　　TEL06-6225-0550（代表）／FAX06-6225-0551（専用）
　　　　・東京支社
　　　　　〒143-0023 東京都大田区山王2－1－8
　　　　　TEL03-6303-7813／FAX03-6303-7813
　　　　　ホームページ　https://www.shinnihon-ins.co.jp/

ISBN978-4-905451-79-2　　印刷・株式会社廣済堂
　　　　　　　　　大阪府豊中市螢池西町2丁目2-1